いわゆるソフトダラーの規制について
――リサーチ・アンバンドリングを巡る米英の近時の議論状況
（令和6年12月25日開催）

報告者　行　岡　睦　彦
（神戸大学大学院法学研究科教授）

目　次

Ⅰ．はじめに……………………………………………………………………1
　1．リサーチとは……………………………………………………………1
　2．ソフトダラーとその問題点……………………………………………2
　3．本報告の課題……………………………………………………………3
Ⅱ．米国………………………………………………………………………3
　1．総説………………………………………………………………………3
　2．規制の概要………………………………………………………………4
　3．SECの解釈と実務………………………………………………………6
　4．欧州MiFID Ⅱの影響……………………………………………………9
Ⅲ．英国………………………………………………………………………11
　1．総説………………………………………………………………………11
　2．MiFID Ⅱ以前の状況……………………………………………………11
　3．MiFID Ⅱの概要…………………………………………………………14
　4．MiFID Ⅱ以降の状況……………………………………………………17
Ⅳ．今後の検討課題…………………………………………………………20

討　　議………………………………………………………………………23
報告者レジュメ………………………………………………………………47

金融商品取引法研究会出席者(令和 6 年 12 月 25 日)

報告者	行岡 睦彦	神戸大学大学院法学研究科教授
会　長	神作 裕之	学習院大学法学部教授
委　員	大崎 貞和	野村総合研究所未来創発センター主席研究員
〃	尾崎 悠一	東京都立大学大学院法学政治学研究科教授
〃	加藤 貴仁	東京大学大学院法学政治学研究科教授
〃	齊藤 真紀	京都大学法学研究科教授
〃	武井 一浩	西村あさひ法律事務所パートナー弁護士
〃	松井 智予	東京大学大学院法学政治学研究科教授
〃	松尾 健一	大阪大学大学院高等司法研究科教授
〃	宮下　央	ＴＭＩ総合法律事務所弁護士
オブザーバー	三井 秀範	預金保険機構理事長
〃	齊藤 将彦	金融庁企画市場局市場課長
〃	坂本 岳士	野村證券法務部長
〃	本多 郁子	ＳＭＢＣ日興証券法務部長
〃	窪　久子	三菱ＵＦＪモルガン・スタンレー証券法務部長
〃	松本 昌男	日本証券業協会常務執行役自主規制本部長
〃	森本 健一	日本証券業協会政策本部共同本部長
〃	坪倉 明生	日本証券業協会自主規制企画部長
〃	塚﨑 由寛	日本取引所グループ総務部法務グループ課長
研究所	高 逸薫	日本証券経済研究所研究員

(敬称略)

いわゆるソフトダラーの規制について
——リサーチ・アンバンドリングを巡る米英の近時の議論状況

○神作会長　定刻になりましたので、ただいまから金融商品取引法研究会の第10回会合を始めさせていただきます。

　本日は、事前にご案内しておりますとおり、神戸大学の行岡睦彦先生から、「いわゆるソフトダラーの規制について——リサーチ・アンバンドリングを巡る米英の近時の議論状況」というテーマでご報告をいただきます。その後、ご報告を巡って討議を行っていただければと考えております。

　それでは、行岡先生、早速でございますけれども、ご報告をお願いいたします。

［神戸大学大学院法学研究科　行岡睦彦教授の報告］

○行岡報告者　ご紹介にあずかりました行岡でございます。よろしくお願いいたします。

　それでは、レジュメに沿って報告させていただきます。

Ⅰ．はじめに

1．リサーチとは

　この報告で取り上げますソフトダラーといいますのは、主としてリサーチに関するものになりますので、リサーチについてまず簡単にご説明いたします。

　英米の文献を拝見しておりますと、大きく3つに分類できるだろうと考えられます。

　①フルサービスのブローカー・ディーラーが提供するセルサイド・リサーチ
　②機関投資家（資産運用業者）が内部的に行うバイサイド・リサーチ
　③上記いずれにも該当しない独立系リサーチ／第三者リサーチ

これらのリサーチに対して、バイサイドである資産運用業者がどのような形で対価を支払うかが、市場におけるリサーチの供給量に影響を与え、ひいては株式市場の情報効率性に影響を与える可能性があると考えられます。

２．ソフトダラーとその問題点

次に、ソフトダラーとは何なのか、簡単にご説明いたします。

ソフトダラーについては、論者や文脈によっていろいろな意味で使われることがあるのですが、この報告では、資産運用業者が、顧客資産の負担において証券会社に支払う売買コミッション（売買委託手数料）を対価として、リサーチその他の商品・サービスの提供を受けるアレンジメントを総称するものとします。

具体的な態様はさまざまなものがあり得ます。例えば、ソフトダラーにより提供される商品・サービスは、リサーチであることもあれば、リサーチ以外のもの（市場データやコーポレート・アクセスなど）が含まれる場合もあります。また、提供されるリサーチは、取引を執行する証券会社自身が提供するセルサイド・リサーチである場合もあれば、それ以外の独立系リサーチ業者が提供する第三者リサーチであることもあり得ます。

このようなソフトダラーに関して、英米では、次のような問題が指摘されてきました。

ソフトダラーによるリサーチへの支払いは、当該資産運用業者が預かっている運用財産のリターンの減少という形で反映されます。すなわち、そのリサーチのコストは、当該資産運用業者に運用を委託した顧客が負担することになります。これは、もしも投資運用業者がみずからリサーチをしたならば、本来、その業者がみずから負担すべきだったコストを、顧客に転嫁し、負担させることを意味します。

これは見方を変えますと、資産運用業者は、みずからの経済的負担なしに、顧客の負担でリサーチの便益を受けることができるということであり、このような構造のゆえに、利益相反のおそれが生じると考えられます。例えば、

①あるファンドの資産を用いて取得したリサーチをほかのファンドで利用する。

　②ソフトダラーによりリサーチを取得するために過剰な取引執行を委託する。

　③ソフトダラーにより獲得したクレジットを用いて不要不急の過剰なリサーチを取得する。

　④リサーチの対価が不透明となり、支出に対する付加価値の検証が困難となる。

　こういった問題が英米では指摘されてきたわけです。

3．本報告の課題

　そこで、この報告では、米英における規制の沿革や近時の議論状況をご紹介するとともに、ソフトダラーについての分析視角を抽出し、日本法における今後の検討課題を析出したいと考えております。

　なお、本報告の背後にある問題意識も申し上げておきたいと思います。我々、商法学者・会社法学者は、明示的・黙示的に、株式市場がある程度効率的であるということを前提に議論することがあります。しかし、株式市場の効率性は自然と達成されるものではなく、情報効率性を実現する一定のインフラストラクチャーといいますか、仕組みがあってこそ成り立つものです。リサーチはまさに、情報が市場価格に織り込まれるための前提条件の1つと考えられ、そのようなリサーチのあり方を検討することには、理論的・実務的に一定の重要な意義があるのではないか、というのが本報告の背後にある問題意識です。

　以下、米国、英国の順に検討したいと思います。

Ⅱ．米国

1．総説

　米国では、資産運用業者とブローカー・ディーラーの間におけるソフトダラーの利用が一般的に見られます。

２．規制の概要

　まずは規制の沿革について簡単に確認いたします。

　1975年までは、ご承知のとおり固定売買コミッションの制度がとられており、ブローカー・ディーラーは価格以外の面で競争していました。その競争の要素の1つとして、取引の執行に付随してリサーチを提供するというソフトダラーの実務慣行が生まれました。

　しかし、1975年に固定売買コミッションが廃止され、アドバイスやリサーチを提供せず、安価な売買コミッションで取引の執行を受託する、いわゆるディスカウント・ブローカーが登場します。他方で、従来型のフルサービス・ブローカーも存続していました。このような状況の中、資産運用業者が、ディスカウント・ブローカーの安価な取引執行サービスを利用せず、フルサービス・ブローカーに相対的に高い売買コミッションを顧客の負担で支払ってリサーチ等のサービスを享受することは、資産運用業者の顧客に対する信認義務に違反するのではないか、という問題が浮上します。なぜなら、先ほどご説明したとおり、ソフトダラーは、顧客資産を利用して資産運用業者自身が一定の便益を獲得する行為に該当するからです。

　1975年、連邦議会は、証券取引所法を改正することでこの点を手当てしました。すなわち、資産運用業者の信認義務違反に関するセーフハーバーを定めたのです。

　どのようなものかといいますと、ブローカー・ディーラーから資産運用業者に対してブローカレッジ及びリサーチのサービスが提供される場合において、取引執行についてほかのブローカー・ディーラーが請求したであろう金額を超える金額の売買コミッションを顧客口座から当該ブローカー・ディーラーに対して支払ったとしても、当該ブローカー・ディーラーにより提供されるブローカレッジ及びリサーチのサービスの価値に照らして、当該売買コミッションの金額が合理的であると当該資産運用業者が誠実に判断するならば、そのような支払いをもって直ちには州法・連邦法上の信認義務違反とはみなされない、こういう規定です。少しややこしいですが、要するに、最安

価の売買コミッションでない業者に取引を委託したとしても、そのことが直ちに信認義務違反になるわけではないということを規定しているわけです。

ポイントとしては、このセーフハーバー規定を制定することで、連邦議会は、ブローカー・ディーラーによる資産運用業者への投資リサーチの作成・頒布というサービスの重要性を認めるとともに、資産運用業者が、先ほど申し上げた一定の要件のもとで、売買コミッションを対価として、取引執行のみでなくリサーチを受けることができるセーフハーバーを設けた、ということです。この条文のもとで具体的にどう実務が形成されているかについては、後ほどご説明いたします。

次に、資産運用業者側と対になるブローカー・ディーラー側の規制についても見ておきたいと思います。

問題の所在は、資産運用業者に対してリサーチを提供するブローカー・ディーラーは、投資顧問法上の投資顧問に該当するのではないか、というものです。もし投資顧問に該当すると何が不都合かといいますと、そのようなブローカー・ディーラーは、投資顧問登録をした上で、投資顧問口座を用いて顧客と取引をしなければいけないということになります。この場合、投資顧問法上の規制として、顧客に対して信認義務を負うことになるほか、顧客と直接取引を行うためには、取引の都度、事前に顧客の同意を得る必要があるなど、一定の制約がかかってきます。これは、ブローカー・ディーラーとしてのビジネスモデルとは相性が悪いと言えます。

では、投資顧問法上の投資顧問に該当するのかどうか。ご承知のとおり、投資顧問とは、「報酬を得て、証券の価値または証券の投資もしくは売買の当否に関して、直接または出版物もしくは書面を通じて、他人に助言を行うことを業とする者」または「報酬を得て、通常の業務の一環として、証券に関する分析または報告書を発行または公表する者」をいうと定義されています。したがって、対価を得てリサーチの提供を業とすることは投資顧問の定義に該当し、ブローカー・ディーラーが顧客に対してリサーチの提供を対価を受けて行う場合には、投資顧問としての規制に服することになると考えら

れます。

　しかしながら、投資顧問法上、ブローカー・ディーラーには投資顧問の定義からの除外が認められています。すなわち、ブローカー・ディーラーは、その事業遂行に「専ら付随的（solely incidental）」で、かつ、それに対して「特別な報酬（special compensation）」を受けずにリサーチを提供する場合は、投資顧問の定義から除外される、このような規定になっています。

　SECは、ブローカー・ディーラーが、フルサービス・ブローカレッジに対して、執行のみのサービスよりも高い売買コミッションを受け取っているとしても、そのことをもって直ちに「特別な報酬」ありとは解さない立場をとってきております。逆に、リサーチの対価を別建てで受け取ってしまうと、その時点で、「特別な報酬」を受け取ったものとして投資顧問に該当することになり得ます。したがって、資産運用業者がブローカー・ディーラーに対して取引執行とリサーチのサービスの対価を別々に支払う、いわゆるアンバンドリングのアレンジメントは、ブローカー・ディーラーの業務として実現することは難しいと考えられてきたわけです。

3．SECの解釈と実務

　次の項目からは、ややディテールに立ち入ったことも概観しておきたいと思います。

　まず、先ほど申し上げたセーフハーバールールのもとで、SECがどのような考え方をとってきたかという話です。解釈通牒がいろいろ出ているのですが、1986年と2006年のものが特に重要だと思いますので、ここではその2つを取り上げます。

　現在にも連なる基本的な考え方を定立したのが、1986年の解釈通牒です。セーフハーバーの対象となる「リサーチ」該当性についての基本的な考え方は、「資産運用業者が投資判断の責任を果たす上で合法かつ適切な補助を提供するかどうか」である、こういう基準を立て、幾つかの重要な論点についての解釈を述べています。たとえば、その1つとして、ソフトダラーの混合

利用に関する考え方が示されております。

　その後、2006年に公表された解釈通牒が現在の実務の基礎になっていると思われますが、その主なポイントは次のとおりです。

　まず(1)です。この解釈通牒では、セーフハーバーの対象となる商品・サービスが明確化されました。後ほど申し上げるイギリスとの比較で興味深いと思うのは、例えば会社の経営陣との面会です。資産運用業者が、日本でいうスチュワードシップ・コードで求められているようなエンゲージメント活動をするためには、経営陣と面会することが必要となりうるわけですが（これをコーポレート・アクセスと呼んでいます）、そのアレンジメントを証券会社に依頼する形で行い、その対価を売買コミッションという形で上乗せして支払うことは、SECの解釈によれば、セーフハーバーの対象になるということです。また、証券市場に関するリサーチ、市場の地合いなどに関するアドバイス、市場データといったものも、セーフハーバーの対象になり得るという整理がされています。

　(2)の混合利用については口頭でのご説明を省略しますが、(3)の第三者リサーチに関する部分は重要なポイントだと思いますので、少しご説明いたします。

　最初に申し上げたように、証券会社に支払う高めの売買コミッションを対価として受けるリサーチは、当該証券会社のリサーチであることもあれば、それ以外の独立系リサーチ業者などの第三者リサーチであることもあり得ます。このようなソフトダラーを使って第三者リサーチを受けることに関して、SECは、資産運用業者が幅広い範囲の独立リサーチの商品・サービスから選択できるようになる、専門化したリサーチを獲得できるようになる、こういった利点があることを指摘し、セーフハーバーの枠内で第三者リサーチを対象とするアレンジメントを妨げない解釈を提示しています。これは、アメリカの実務における「クライアント・コミッション・アレンジメント（client commission arrangement：CCA）」と呼ばれるアレンジメントの利用を妨げない趣旨であると理解できます。

このCCAとは一体何かといいますと、資産運用業者がブローカー・ディーラーに支払う売買コミッションの一定割合を、リサーチへの支払いのためにプールしておくアレンジメントのことです。実務上のアレンジメントなので、実際にはいろいろなバリエーションがあると思いますが、大きく分けると次の2つに整理できます。

　①当該ブローカー・ディーラーが管理するCCAに資金をプールしておき、当該ブローカー・ディーラーが提供するリサーチへの支払いに充てるもの。

　②外部の集約事業者（aggregator）が管理するCCAに資金をプールしておき、当該ブローカー・ディーラーまたは第三者（独立リサーチ提供者など）が提供するリサーチへの支払いに充てるもの。

　特に重要なのは②だと思います。②の場合、CCAは、取引執行ブローカー・ディーラー以外のブローカー・ディーラーや独立リサーチ提供者へのリサーチの対価支払いにも充てることができるので、資産運用業者からすると、より幅広いリサーチを取得できるようになる、すなわち選択肢がふえるというメリットがあります。

　また、①と②に共通することとして、CCAにはリサーチ・コストの透明性向上というメリットもあると評価されています。なぜなら、CCAにおいても資産運用業者から取引執行ブローカー・ディーラーに売買コミッションが支払われた段階では取引執行コストとリサーチ・コストがバンドルされているのですが、かかる支払いの後の、CCAにクレジットする段階、あるいはCCAに送金する段階では、これらがアンバンドルされ、それぞれのコストが明らかになるからです。

　2006年のSEC解釈通牒の公表後、アメリカにおいてCCAの利用が普及したと言われています。ただ、最近の学者の論文では、取引執行とリサーチのコストが明確化されるはずのCCAを利用する場合であっても、そのコストの内訳が必ずしも顧客に明確に開示されているわけではなく、ソフトダラーにより支出されるリサーチのコストがファンド間でどのように配分されているか不透明である、こういったことが指摘されています。CCAがある

からといって、必ずしも問題が全くないわけではないということのようです。

4．欧州 MiFID Ⅱ の影響

続きまして、欧州の MiFID Ⅱ がアメリカに及ぼした影響についてご説明いたします。

MiFID Ⅱ の施行（2018年1月3日）により、ヨーロッパの資産運用業者は、第三者から誘引報酬を受領し、保持することが原則として禁止されました。そして、リサーチは、後で申し上げます一定の要件を満たさない限り、ここで禁止される誘引報酬に該当するものとされています。要するに、リサーチと取引の執行をアンバンドルしなければいけない、そういう制度が導入されたということです。

これは、アメリカからすると非常に困ったことになります。アメリカのブローカー・ディーラーがヨーロッパの資産運用業者にリサーチを提供するためには、MiFID Ⅱ の規制により取引執行とリサーチをアンバンドルしなければいけません。そうすると、そのブローカー・ディーラーは、リサーチに対して「特別の報酬」を受け取っていることになり、投資顧問法上の規制に服することになってしまうのではないかという問題が発生したわけです。

これに対して SEC は、MiFID Ⅱ の施行直前の 2017 年 10 月、ノーアクションレターを発行し、米国のブローカー・ディーラーは、リサーチ提供の対価として、MiFID Ⅱ の対象となる資産運用業者から MiFID Ⅱ の要件を満たす形で支払いを受けても、そのことのゆえに投資顧問とはみなされない、という対応策をとりました。このノーアクションレターは、MiFID Ⅱ の施行から 30 カ月間という時限つきのものでありまして、2020 年 7 月 3 日に失効する予定でしたが、2019 年 11 月に、2023 年 7 月 3 日まで延長することが決定されました。

しかしながら、その後、ノーアクションレターの再延長はなされず、2023 年 7 月 3 日に失効しました。その理由について、当時 SEC の投資運用部門のディレクターであった Birdthistle 氏は、そもそもこのノーアクションレ

ターは時間稼ぎのためのものだった、そして、ノーアクションレターが有効である期間中に、ブローカー・ディーラーたちは MiFID II に対してさまざまな対処法を発展させてきたのだから再延長は必要ない、と説明しています。

　以上がアメリカに関する制度の概要と最近の議論状況ですが、この後ご紹介するイギリスとの比較で注目すべき点を私なり2つほど抽出してみました。

　1点目は、セーフハーバーに該当する限り、資産運用業者が取引執行とリサーチをバンドリングすることが明示的に許容されているということです。それだけにとどまらず、ブローカー・ディーラーが投資顧問法上の規制を免れるためには、取引執行とリサーチのバンドリングがむしろ要求されている、ここにアメリカ法の特徴があると指摘できるのではないかと思います。

　2点目として、ソフトダラーが許容されるリサーチの範囲は、少なくともイギリスに比べるとかなり広いと言えます。アメリカでは、例えば市場データやコーポレート・アクセスもセーフハーバーの対象となり得ると解されていますが、イギリスではそういった考え方はとられていません。

　このようなアメリカの制度に対して学説がどう評価しているのかということも、簡単にご紹介しておきたいと思います。

　いずれも批判的なもので、1つ目は Mahoney 教授の見解です。アンバンドリングは、リサーチと取引執行のコストの透明性の確保や資産運用業者の利益相反の防止の観点から、本来的には望ましいアレンジメントのはずである。それにもかかわらず、現行制度では、投資顧問法上の規制により、ブローカー・ディーラーは、自発的にアンバンドリングを行うことを躊躇せざるを得ない状況にあるが、このような現行の規制体系は望ましくないという指摘がされています。

　2つ目は、Jackson 教授と Zhang 教授の共著論文ですけれども、先ほどご紹介したとおり、現行法上、取引執行とリサーチのコストの内訳が必ずしも顧客に明確に開示されているわけではないので、透明性が乏しいという指摘がなされています。

Ⅲ．英国

1．総説

次に、イギリスです。

アメリカと同様、固定売買コミッション時代の名残で、ソフトダラーの実務慣行がかつては存在していました。しかしながら、規制当局（FSA、2013年以降はFCA）は、一貫して規制強化に積極的な立場をとってきたと評価できるのではないかと思います。以下、その歴史を概観してみたいと思います。

2．MiFID Ⅱ以前の状況

まず、MiFID Ⅱ以前の状況です。

先ほど申し上げたとおり、2018年1月3日から、MiFID Ⅱによるリサーチ・アンバンドリングが制度として強制されたわけですが、それ以前は、イギリスの投資運用業者は、2006年のFCA規則改正による制度の枠組みのもとでリサーチの提供を受けていました。この2006年改正は重要ですので、その前後の議論を詳しくご紹介いたします。

まず、2006年改正前の実務はどうだったかといいますと、投資運用業者は、ブローカーに取引執行を委託する際の売買コミッションを対価として、当該ブローカーまたは第三者からさまざまな財・サービス（投資リサーチ、セミナー、市場データ供給など）の提供を受けていたようです。

このような実務慣行には、次のような問題があると指摘されていました。

①顧客が負担することとなるコストの透明性やアカウンタビリティが確保されておらず、サービスの過剰消費がもたらされるおそれがある。また、コストが不透明になることで、顧客が総コストを踏まえて投資運用業者を選択することが困難になっている。

②投資運用業者が、顧客の最善の利益よりも、みずからが受ける財・サービスの最大化を追求して、過剰な取引執行をブローカーに委託したり、委託

先ブローカーを選択したりするおそれがある。

　このような問題意識のもとで規制強化の提案がなされていくわけですが、当初は、取引執行とリサーチのアンバンドリングを志向していたことがうかがわれます。まず、2001年のいわゆるMyners Reportでは、機関投資家の運用契約においては、運用会社が利用する外部のリサーチ、情報または取引サービスの対価を、顧客に間接的に負担させるのではなく、運用報酬に含めることが好ましい実務慣行であるとの提言がなされていました。要するに、運用会社がみずからコストを負担して、それを運用報酬として顧客に転嫁するのがあるべき姿だということです。

　それを踏まえたFSAの2003年の改正提案では、資産運用業者が、顧客負担の売買コミッションを対価として取引執行以外のサービスの提供を受けるときには、当該サービスのコストを算定の上、それと同等の金額を顧客の資金に払い戻さなければならないという規制、いわゆる「リベート方式」を提案していました。一旦は売買コミッションで支払うとしても、リサーチなどのサービスのコスト分は、資産運用業者がみずから負担して顧客の資金に払い戻してください、という規制です。

　これらの提言は、形は違えども、いずれもアンバンドリングを志向するものであったと評価できると思います。後ほどご説明するように、一口にアンバンドリングといっても、MiFID IIでは大きく2つの方式があるのですが、ここで示されていた提言は、そのうちのP&Lモデルに相当する考え方であったと言えます。しかしながら、2006年改正では、このような提案が実現することはなく、プリンシプル・ベースの規制と開示規制を組み合わせた、穏和な改正となりました。具体的には次のとおりです。

　まず（1）です。投資運用業者は、顧客の負担において、ブローカーまたはその他の者から、顧客の注文の執行以外の財・サービスの提供を受けてはならない。ただし、当該投資運用業者が、かかる顧客の負担を対価として受け取る財・サービスが以下の要件を満たすと考える合理的な根拠を有する場合はこの限りでない、ということで、次の2点が挙げられています。

ⓐ当該財・サービスが、投資運用業者の顧客のための取引執行に関連するものであるか、またはリサーチの提供であること。つまり、対象を取引執行関連サービスとリサーチに限定したことがポイントです。
　ⓑ執行される注文に係る顧客に対する当該投資運用業者のサービスの提供を合理的に補助するものであり、かつ、顧客の最善の利益のために行動する投資運用業者の義務の履行を損なうものではないこと。
　より具体的には（2）です。リサーチに関しては、以下の場合に、今申し上げた要件を満たすと判断する合理的な根拠を有するものと認められるということで、ⓐ～ⓓに記載したものが挙げられています。ⓐ～ⓓの読み上げは省略しますが、要するに、当該リサーチが、実質的なリサーチと呼ぶに値するだけの内実を備えているものであることを要求するものと理解することができます。
　これらプリンシプル・ベースの規制に加えて、開示規制も定められています。（3）に記載したとおり、投資運用業者は、取引執行に関連して財・サービスを取得するアレンジメントをするときには、事前及び定期的に、顧客に対して適切な開示をしなければならない。適切な開示には、取引執行に関連する財・サービスの詳細と、リサーチの提供に起因する財・サービスの詳細を含めなければならない、とされておりました。
　以上が2006年改正の概要です。ここで、まとめを兼ねて、2006年改正のポイントを3つ挙げておきたいと思います。まず、2006年改正におきましては、投資運用業者が顧客負担の売買コミッションを対価としてみずから受けることのできる財・サービスを、取引執行に関連するサービスとリサーチの提供に限定した上で、リサーチについては、実質的なリサーチの提供と呼ぶに値する内実を有するものであることを求めた、この点がポイントの1つ目だと思います。
　2つ目として、売買コミッションによるリサーチの取得に内在する利益相反の問題に対しては、プリンシプル・ベースの規制と開示規制の組み合わせによって対応している、このように評価できるかと思います。

3つ目として、2006年改正は、実務的には、売買コミッションを対価とするリサーチの取得について、「コミッション・シェアリング・アレンジメント（commission sharing arrangement：CSA）」の利用を促すものと考えられていました。

　CSAとは、簡単に言うと、先ほど申し上げた米国のクライアント・コミッション・アレンジメント（CCA）におおむね対応するものでありまして、投資運用業者と取引執行ブローカーとの合意に基づき、売買コミッションのうち取引執行以外のサービス（主としてリサーチ）に充てる金額をプールしておき、後日、投資運用業者の指示により、当該ブローカー、またはそれ以外の第三者が提供するリサーチの対価に充てる仕組みであると説明されています。このような仕組みは、取引執行とリサーチの対価が明確になる点で透明性が高く、かつ、複数のリサーチ提供者から選択できる点で、リサーチ市場の競争を促進し得る利点があると指摘されておりました。このあたりは、同じ時期における米国の議論と軌を一にしているのではないかと思います。

　では、2006年改正後の実務がどうなっていたかといいますと、たしかにCSAの利用が増加したものの、その一方で、CSAを利用しないケース、すなわち、取引執行とリサーチのコスト内訳が不透明な、従来型のフルサービス・ブローキングを利用するケースも少なくなかったようです。

　こういった状況の中、FCAは、リサーチを売買コミッションから切り離すこと（つまりアンバンドリング）が、依然として存在する投資運用業者の利益相反の問題に対処する最も効果的な選択肢であるという立場をとっておりました。このようなFCAの立場は、2003年から基本的には一貫した立場だと評価できるのではないかと思います。

3．MiFID Ⅱの概要

　そのような中でMiFID Ⅱが成立し、2018年1月3日に施行されたことによりまして、ポートフォリオ管理を提供する投資会社（資産運用業者）は、僅少な非金銭的便益（minor non-monetary benefit：MNMB）を除き、誘引

報酬（inducement）を受領し、保持してはならないという規制が導入されました。

そして、このMiFID Ⅱのレベル1の規制を受けた委任指令で次のように規定されております。すなわち、ポートフォリオ管理を提供する投資会社が第三者から受けるリサーチの提供は、次の場合には誘引報酬に該当するものとはみなされないということで、大きく2つの方法を挙げています。

ⓐはP&L方式と通称されるもので、当該投資会社がみずからの負担で支払う場合です。アメリカではこういったものを「ハードダラー」と呼ぶことがありますが、要するに、資産運用業者自身が自腹でリサーチを取得するという方式です。

ⓑはいわゆるRPA（research payment account：リサーチ支払い口座）方式です。当該資産運用業者が管理する独立のRPAを用いてリサーチの対価を支払う場合で、当該口座の運営について以下の①～④の要件を満たすことを要するとされています。

①RPAの資金は、顧客に対するリサーチ費用の請求により調達されること。要するに、顧客に対してリサーチの費用であることを明確に示した上で、顧客負担でこの口座を運営することが求められているということです。これが一番重要なポイントだと思います。

②当該投資会社がリサーチの予算を定め、定期的に評価すること。従来のバンドリングの仕組みのように、取引執行すればするほどリサーチの予算がふえていくというスタイルではなく、あらかじめきちんと予算を定めておくということです。

③当該投資会社がRPAについて責任を負うこと。

④当該投資会社が購入したリサーチのクオリティを定期的に評価すること。

以上を要するに、MiFID Ⅱにおけるリサーチ・アンバンドリング規制は、上記ⓐ、ⓑいずれかに当たる場合にはリサーチの提供を受けてもよい、逆に言うと、これらを満たさない場合はリサーチの提供を受けてはならない、という規制だと要約できます。

他方、ブローカー側についてもあわせて規制が設けられていまして、執行サービスを提供する投資会社は、取引執行コストとそれ以外のサービスのそれぞれの料金を別建てで明らかにしなければならず、また、取引執行以外のサービスの供給及び料金を、取引執行サービスに対する支払い金額と連動させたり条件づけたりしてはならないとされています。ブローカー側でも、アンバンドリングの規制が設けられているということです。

　以上のような規制は、従来のフルサービス・ブローキングのみならず、CSAをも禁止するものといえます。なぜCSAまで含めて禁止しているのかというと、ESMA（欧州証券市場監督局）は次のように説明しています。

　「ESMAは、コミッション・シェアリング・アレンジメント（CSA）は、ブローカーとポートフォリオ管理者の間におけるリサーチに関する利益相反に対処する要素を有すると考える。しかしながら、かかるアレンジメントが現に運営されている状況は、問題となる利益相反に完全に対処するものではないことが多い。現在の業界によるCSAの利用は、投資会社によってリサーチのためにチャージされた金額が、取引執行ブローカーとの取引の数量によって決せられるものとなっている…。また、CSAは、リサーチ・コストの顧客ポートフォリオへの公正な配分を保障するものではない」。

　つまりここでは、CSAのもとでも、結局、リサーチのためのクレジットは取引執行の量に比例するので、利益相反の要素が完全に排除されるわけではない、また、ファンド間でのリサーチ・コストの配分も必ずしも公正なものになるわけではない、こういった問題があることが指摘されています。

　このように、MiFID IIではリサーチ・アンバンドリングを強制する制度を設けたわけですが、リサーチ・アンバンドリングにより期待される効果として、大きく3つのことが挙げられます。

　①資産運用業者自身がリサーチのコストを負担する場合（P&L方式）は、当該資産運用業者自身がリサーチのクオリティと価格を厳しくチェックすることが期待できる。

　②顧客にリサーチのコストを負担させる場合も、一定の厳しい要件を満た

した上でRPAにより行わなければならないので、リサーチの支払いの顧客に対する透明性が確保される。

　③取引執行とリサーチが切り離されるので、リサーチの提供を受けるために取引執行を注文する、あるいは、大量の取引執行をしてクレジットがたまったから不要不急のリサーチの提供を受けるなどといった利益相反的な行動が抑制される。

　このようなリサーチ・アンバンドリングは、業界からはどうやら強い抵抗があったようですが、実現され、イギリスでもこれを国内法化しています。

4．MiFID II 以降の状況

　次に、MiFID II 以降の状況です。

　MiFID II 施行直後のFCAの分析結果では、多くの資産運用業者がP&L方式を選択したこと、また、資産運用業者のリサーチに対する支出が減少したとことなどが報告されています。

　また、MiFID II に関しては、その施行をいわゆる準自然実験と見立てて実証研究している論文が多数存在します。今回、その紹介・分析を報告に含める準備が間に合わなかったので、今日はポイントだけ簡単にご紹介することとし、最終的な論文では、この点も含めてきちんとまとめる、ということにしたいと思っております。分析結果が分かれている論点もありますが、ここに記載したものについては、おおむね一致した結論が得られていると私は認識しています。

　①リサーチのカバレッジは総じて減少した。ただし、中小企業よりも、むしろ大企業における減少が顕著である。これは、重複的ないし低品質なリサーチが市場から退出したことを示唆する。

　②リサーチのクオリティは向上した。これは、質の低いアナリストが市場から退出したことや、市場に残ったアナリストが一層努力するようになったことを示唆する。

　要するに、リサーチ提供者間の競争が激化して、一部のリサーチ提供者は

市場から退出し、残ったリサーチ提供者がそれまで以上に頑張るようになった、という結果が示唆されているわけです。こうした結果をみると、MiFID IIのリサーチ・アンバンドリングは、リサーチ市場に対してはポジティブな影響を与えていると言えるのではないかと思います。

とはいえ、MiFID IIの施行後、アンバンドリング規制を逆に緩和する方向での改正が続いています。ここではイギリスの話を紹介しますが、EUでも大体同じような方向で議論が進んでいます。

まず、(1) 2022年3月改正です。これは、時価総額2億ポンド以下の中小企業に関するリサーチやコーポレート・アクセスを誘引報酬規制の対象外とし、いわば解禁する改正です。ただし、詳細は省略しますが、この規制緩和は実務上使いにくかったらしく、改正後もこの規制緩和を利用する例は少なかったようです。

次に、(2) 2024年8月改正です。俗に「リバンドリング」と呼ばれていますけれども、この改正でアンバンドリング規制が大幅に緩和されました。改正理由は次のとおりです。

まず、MiFID II以降、リサーチへの支払方法はRPA方式とP&L方式の二択となったわけですが、RPA方式は複雑で運営に手間がかかるので、大手の資産運用業者はあまり利用せず、P&L方式を使っていました。では、誰がRPA方式を利用していたのかというと、P&L方式でリサーチ費用を負担する余力のない小規模の資産運用業者がRPA方式を使わざるを得なかった、という状況だったようです。これを踏まえると、現行規制は、小規模な新規事業者が資産運用業に参入する際の障壁となっており、競争を阻害している、というのが改正理由の1点目です。

2点目は、アメリカとの関係です。先ほどご説明したように、アメリカでは、ブローカー・ディーラーが取引執行とリサーチをアンバンドリングすると投資顧問法の規制が適用されるため、アンバンドリングに対応しにくい、という問題があります。そのため、資産運用業者の規制としてアンバンドリングを強制されてしまうと、ヨーロッパの資産運用業者が複数の法域（とり

わけアメリカ）でブローカー・ディーラーからリサーチを取得するのに妨げになる、すなわち国際競争力への悪影響のおそれがあるということが指摘されています。

こういったことから、一定の要件を満たすことを条件として、取引執行とリサーチのジョイント・ペイメントを許容する旨の改正が今年（2024年）8月に行われました。

改正後のルールにおけるジョイント・ペイメントが許容される条件とは、①ジョイント・ペイメントの利用に対する資産運用業者のアプローチについての正式な方針の策定、②リサーチのコストを計算し、個別に特定する方法に関するリサーチ提供者との合意、③リサーチ提供者間での支払いの配分構造の策定、④リサーチの購入に用いる口座の管理に関する実務的な手続、⑤必要な第三者リサーチの量を定める予算、⑥リサーチのコストの顧客間での公正な分配、⑦購入したリサーチの価値、質、利用及び投資判断への貢献に関する定期的な評価、⑧顧客への開示であり、これらの要件を満たすのであれば、リバンドリングをしてもよい、という規制になっています。

この2024年改正のポイントを幾つか申し上げますと、まず、これは資産運用業者の新たな選択肢を解禁するものと言えます。ただし、先ほど申し上げた一定の規制を遵守する必要があります。このような要件の遵守を求める理由として、FCAは、ガードレールとなる規制がないと、重複的ないし低品質のリサーチに対する支出を規律できない、取引執行の配分の意思決定にリサーチ調達が不適切な影響をもたらし得る、支払い構造が不透明になる、といった弊害のおそれを挙げています。

とりわけ①～⑧の規制の内容として、リサーチのコストを個別に特定できるようにすること、複数のリサーチ提供者の間での支払いの配分構造を構築することが求められています。これは、先ほどご紹介した従来の実務におけるCSAの利用を義務づけるものであり、換言すれば、高い売買コミッションを払って、内訳が不透明なままリサーチの提供を受ける、いわゆるフル・バンドリングを認めない趣旨のものだと理解できます。その理由について

FCAは、これは意図的なものだと説明していて、フル・バンドリングについて、リサーチの対価を不透明にし、リサーチ提供者間での価格比較を困難にし、リサーチと取引執行のそれぞれの市場における競争を阻害するといった弊害を挙げています。

　直近のものも含め、イギリスではこのような形で議論が展開されてきたわけですが、まとめますと、FCAはFSAの時代から、ソフトダラーに対し、一貫してかなり厳しい立場をとってきたと評価できると思います。その集大成が、MiFID IIによるリサーチ・アンバンドリングの実現です。しかしながら、2022年、2024年と規制緩和の動きがあります。その背後には、SME（中小企業）を中心とするリサーチの供給不足を解消したいという思惑、そしてアメリカの規制体系との調和ひいては国際競争力の確保、この2つの動機があったのだろうと思います。

IV．今後の検討課題

　最後に、今後の検討課題です。

　比較法を検討する中で、ソフトダラーを巡っては、次の2つのファクターがトレードオフ関係に立っているのではないかと考えるに至りました。一方で、ソフトダラーを認めてしまうと、利益相反のおそれ、透明性の欠如、ひいては顧客の最善の利益が犠牲になる、こういった問題があると思います。したがって規制すべきではないか、という議論になるのですが、他方で、ソフトダラーが、セルサイド・リサーチ、あるいは独立系リサーチの供給を促進する面もあるだろうと思います。これは、冒頭申し上げた、株式市場の効率性に影響するファクターだといえます。イギリスを初めヨーロッパにおける最近の規制緩和の動きの背後には、リサーチの供給を促進したいという思惑があるように思われます。米英では、これらのトレードオフに対して、どのように対処していくべきかが活発に議論されてきたのだと理解できると思います。

　一方、日本はどうなのか。私が調べた限り、日本では、ソフトダラーの規

制に関する議論はあまり活発でないように見受けられます。例えば、最近、最良執行タスクフォースや資産運用タスクフォースで報告書が出ており、これらはソフトダラーと密接に関連し得るテーマを扱うものだったと思いますが、私が見落としていなければ、そこにソフトダラーに対する言及は全くなかったと思います。

　では、日本で全く問題がないのかといいますと、実務のことはわからないので後で教えていただきたいのですが、少なくとも文献上では次のような指摘、すなわち、日本の資産運用業高度化に向けて、欧米運用業界で大きな関心事となっているアンバンドリングの議論を抜きにして、運用コストの透明性向上を目指す資産運用業高度化の実現は難しいと言わざるを得ない、という指摘がなされています。これは、先ほど申し上げたソフトダラーを巡るトレードオフの1点目、利益相反のおそれや透明性の問題を議論すべきであるという指摘ではないかと受けとめました。

　他方で、別の文脈で議論されていることですが、文献上、日本のセルサイド・リサーチは、欧米と比べて量的に劣位である上、大型株に偏っているという指摘もなされておりまして、こういった観点からすると、仮にソフトダラーを規制してしまったら、ただでさえ少ないリサーチの供給がさらに阻害されてしまうおそれがある、そういう議論にもつながり得るように思います。これは、先ほど申し上げたトレードオフの2点目に関連する観点であると思います。

　実務的なことを知らずに申し上げているので、的外れかもしれませんが、少なくともこれらの文献を拝見する限りでは、ソフトダラーのあり方、ひいては先ほどの申し上げたトレードオフへの対応について、全く議論しなくていいというわけではないのではないか、というのが、私の現時点における感触です。

　次に、現行法の状況についても、少し検討しておきたいと思います。単なる私の勉強不足による見落としかもしれませんが、現状では、たとえば以下のような論点についての解釈が明確化されているわけでは必ずしもないので

はないかと思っています。

　まず、投資運用業者は、運用資産の売買委託手数料を対価としてリサーチの提供を受けても信認義務（善管注意義務・忠実義務）違反にならないのだろうか。また、売買委託手数料を対価として提供されるリサーチの価値を考慮して取引執行の委託先を選定することは、最良執行義務違反にならないのだろうか。

　逆に、証券会社側の視点として、リサーチの提供に対して別途対価を受け取ると、投資助言業に該当することにならないのだろうか。これは恐らくなり得るのだと思いますが、では、その中間形態として、英米におけるCSAやCCAのような仕組みを採用した場合はどうなのか。このあたりについて十分に議論が尽くされているのか、私が調べた限り文献が乏しく、疑問に感じています。

　また、こういった中で、実務の現状がどうなっているのかということにも、私としては関心を持っております。そもそも、日本の実務においてソフトダラーはどの程度利用されているのか。もし利用されていないとすれば、それはなぜか。また、セルサイド・リサーチや独立系リサーチの対価はどのように支払われているのか。このあたりは、実務の方からご示唆をいただければ大変ありがたく思います。

　なお、規制および実務に関する情報で、本報告のテーマに関連しそうなものを最後にご紹介しておきたいと思います。

　まず、規制に関しては、もし何か書いてあるとすれば投資運用業の監督指針ではないかと思い、そちらを参照してみたのですが、私の見落としでなければ、ソフトダラーに関する留意事項は特に記載されていないようでした。

　ただ、たまたま見つけた信託検査マニュアルの中にはソフトダラーに関する言及がありました。そこでは、留意事項として、「取引証券会社等に、手数料の見返りとして情報機器の情報料を負担させるなどのソフトダラーを利用する場合は、ソフトダラーに係る内部規程・業務細則が制定され、遵守されているか」という項目が書かれていました。しかし、ここで挙がっている

「情報機器の情報料」以外の財・サービスの提供についてはどうなのかはよくわからないと思いました。

次に、実務に関する情報として、アセットオーナーが自主的に対応していると思われるものがございます。レジュメ末尾に参考として掲げた企業年金連合会や年金積立金管理運用独立行政法人（GPIF）の資料です。

企業年金連合会は、ソフトダラー取引について割と詳しめの記述をしておりまして、ざっくり言うと、原則として禁止するという立場をとっているように見受けられます。ただ、ソフトダラーの定義と思われる部分で、「調査レポート等、投資意思決定を行うために必要なリサーチサービスであって、証券会社又は第三者により提供され、当該サービスについて商品化…されていないものについては、売買発注と分離して別途料金を支払って提供を受ける途が現実には存在していないことからソフト・ダラーとは定義しない」となっていますので、ソフトダラーの定義が狭く限定されているように思いました。

また、GPIFの運用ガイドラインでは、「有価証券の売買取引に当たっては、売買取引に付随する各種調査、情報提供等の便益に係る費用を売買委託手数料等に含めることを取り決める、いわゆるソフトダラーを伴う取引を行わないこと」となっています。そうすると、GPIFは、「いわゆるソフトダラー」に該当する実務を一律に禁止するという立場で運用受託機関に委託していると思われますが、「いわゆるソフトダラー」の外延は必ずしも明らかでない部分もあるのではないか、そんな印象を持っております。

非常に雑駁で恐縮ですが、以上、私なりに調べ、考えてみた結果を報告させていただきました。日本の現状などについて、いろいろと教えていただきたい点もございますので、ぜひそういった点も含めて、ご指摘、ご教示いただければ幸いです。どうぞよろしくお願いいたします。

[討議]

○**神作会長**　行岡先生、大変興味深いご報告、どうもありがとうございまし

た。
　それでは、ただいまのご報告に関連して、ご自由にご質問やご意見をお出しいただければと思います。行岡先生から実態についてご教示いただきたいとのご要望がありましたけれども、今日の議論の大前提として、そもそもソフトダラーというものが日本に存在するのか、あるいは、そのまた前提として、セルサイド・リサーチの実態も関連する重要な事実であると思います。金融庁の斎藤さんにもご質問があったと思います。ソフトダラーについての監督法上の取り扱い等について、何らかのご知見やお考え等がございましたら、始めに情報提供していただければと思います。いかがでしょうか。
〇大崎委員　私の不勉強もあるのかもしれませんが、この問題について法律学の研究者の方がきっちりとした研究報告をされたのは、多分初めてではないかという気がいたします。ですから、大変貴重なご報告をいただいたことに、まずは感謝申し上げるところでございます。
　この問題は実は私も随分昔から調査していまして、あまり表立って書いたことはないのですけれども、証券会社の企画部門などに情報提供するような人たちの間では、非常に強い関心を持って観察されてきていたことです。しかし、訴訟につながるような問題ではないので、例えば弁護士の方が法的に分析をするようなこともなく、恐らく日本語の文献という点では、かなり昔のアメリカはこうであるといった紹介や近年ヨーロッパで変化が起きているという調査レポート的なものぐらいしかなかったと思います。そこにこういう学術的な研究のメスが入ったのは画期的なことだと思います。
　先生のお話にあった日本の現状について私が認識しているところを少しご紹介しますと、まず、先生からもご紹介のあった企業年金連合会のソフトダラーについての定義などにもありますように、欧米でソフトダラーの一番の肝だと思われているセルサイドのリサーチの提供、すなわちコミッションを受け取りながらリサーチを提供することがソフトダラーの定義に入っていません。ですので、日本にはソフトダラーは存在しないことになっているのですけれども、これは欧米から見れば、ソフトダラーそのものであるというこ

とになるわけです。

　日本の歴史を振り返りますと、私は妙なことになってしまったなという感想を抱きます。というのは、日本では、野村総合研究所とか大和総研など、証券会社のアナリスト部門が、証券会社本体から分離されて存在するという状況がありました。ただ、機関投資家から直接お金をもらう経営形態にはなっていなくて、証券会社からお金を受け取る形で成り立っていた。その状態が続いていれば、私が勝手に夢想するのは、そこに制度的な変化が加われば、そのままハードダラーの仕組みに移行することができたのではないか。つまり、野村総合研究所がアナリストを置いたまま、機関投資家からお金をもらう。そうすると、利益相反等々の問題は、多分、顕在化しなかったのだろうと思うのです。

　しかし実際には、外資系証券会社との競争の中で、外資系がみんなリサーチ力を売り物にしてコミッションを奪っていく。そうすると、日本の証券会社も、むしろ証券会社本体がリサーチ部門を意のままに動かすようなことが必要だということで、そのときは利益相反といった議論は全然なく、むしろ証券会社本体にセルサイドのリサーチ機能を吸収してしまった。ですから、現在は野村證券も大和証券もみんなアナリストは本体に所属していて、経済研究所的なものにアナリストを残している会社は少ないわけです。それが日本の実態だと認識しています。

　では、証券会社がなぜアナリストを抱えるのか。最終受益者からすれば、利益相反の問題、つまり、機関投資家が自社の費用でリサーチを買っていないという問題があるにせよ、なぜ機関投資家が証券会社からセルサイド・リサーチを得たいと思うのか、その対価としてコミッションを払いたいのか、そこが一番の問題だと私は思います。結局、ヨーロッパの場合もアンバンドリングしたのですけれども、リサーチが独立会社に移るという実態はなく、依然としてインベストメントバンクがリサーチを提供しています。

　なぜそうなって、機関投資家からハードダラーを受け取ってリサーチを提供する独立の会社が成立しないのか。これはやはり、上場企業側にアナリス

トが必要とするような情報を提供するインセンティブが、独立の会社相手の場合はそれほど強くないという事情があると思います。つまり、上場企業は、インベストメントバンクが提供する証券引受けやM&Aとか、アドバイザリーサービスも含めた総合的ないろいろなサービスを受けていることを前提に、インベストメントバンクのアナリストに親切に対応しているという実態がある。この点については、2000年代の初め頃、いわゆるアナリスト問題が持ち上がり、セルサイドのアナリストがインベストメントバンキング業務に従事することを規制するとか、そこに連動した報酬をもらってはいけないという規制がアメリカでも入り、日本でも同じような規制が設けられたわけですが、やはり企業としては、インベストメントバンクに恩に着ているからこそ同じ会社に所属するセルサイド・アナリストに丁寧に対応するという実態がある。これは否定できないと思っています。

　他方、中小規模の上場企業などで、インベストメントバンクのアナリストがカバーしてくれないところは、自費でリサーチをつくってもらって、これは大体独立系の会社がやるのですが、「これは発行会社が費用負担して作成されたレポートです」という担保文言をつけた上で、いわば宣伝チラシとして投資家に提供するという実態もあります。しかし、そういうものを除くと、独立のセルサイド・アナリストは世界中どこにも存在しない。例えばトヨタ自動車のような大手企業をカバーする独立のアナリストがいたとしても、言葉は悪いですが、トヨタ自動車の側からすれば、そのような人を真剣に相手にするインセンティブがないということです。見返りがなさ過ぎる。それがゴールドマン・サックス、メリルリンチ、あるいは野村、大和とかいうことになれば、総合的なサービスは受けられるので、アナリストにも真面目に応対しようかということになる。だから、証券会社にアナリストが所属するのは、支払いとサービスが連動しているかどうかとは関係ないような気がしております。

　すみません、少し長くなってしまいましたが、以上、全部コメントでございます。

その上で先生にお伺いしたいのですが、日本のソフトダラーの定義は意図的にリサーチを入れていないと私は認識しています。アメリカやヨーロッパでも、昔は機関投資家を旅行に連れていくとか、結構甚だしいのがいろいろあったらしいです。電子化が進む中では、ブルームバーグの端末が高いから、証券会社が出してくれとかいうのも実際に結構行われていた。それが利益相反としてはあまりにもひどいので、まずそれを規制するところまでは行ったけれども、リサーチに踏み込むことで、まさにリサーチのカバレッジが減るのではないか、証券会社のリサーチ部門が崩壊するのではないかということで、多分踏みとどまっているというのが日本の現状だと思うのです。この状態は、先生の目から見て、やはり利益相反の問題が深刻だとお考えになるのか、その辺はいかがでしょうか。これは私からの質問でございます。

○**行岡報告者**　大崎先生、大変貴重なコメントとご質問いただき、誠にありがとうございます。

　まず、コメントいただいた点は本当に目から鱗といいますか、大変興味深く、かつ勉強になりました。資産運用業者と証券会社に関するインセンティブ構造は私なりに考えていたのですが、投資先企業側のインセンティブというか、動機というか、そのあたりをちゃんと考えられていなかったことを自覚させられまして、そこも含めてきちんと考えなければいけない。すなわち、独立系アナリストないし独立系リサーチ提供者が育ち得る前提条件とは何なのか、それを真面目に考えなければいけないことに気づかされました。その点は、今直ちに妙案があるわけではないのですが、引き続き考えたいと思います。

　ご質問いただいた利益相反の点です。アメリカやイギリスにおいて、ソフトダラー規制の黎明期といいますか、2005年前後で特に問題視されていたのは、まさに大崎先生がおっしゃったような明らかな利益相反の問題だったと思います。資料の中でも混合利用という表現で言及させていただいたのですが、たとえば、セミナーを開催するという名目で、旅費を出して豪華な旅行を提供するというようなことをしていたという話も目にしましたので、そ

ういったものは利益相反として許すべきではないという考え方がやはりあったのだと思います。

　そして、これも大崎先生がおっしゃったことですけれども、特にアメリカでは取引執行とリサーチのバンドリングは依然として認めています。ただ、リサーチの範囲が、きちんとリサーチの範囲にとどまるようにといいますか、顧客の利益になる範囲でのみ認めるようにという形で規制をしている。それが2006年以来のSECの解釈だと理解できると思うのですが、ここには、行き過ぎた利益相反をもたらす実務を抑制しつつ、他方で、セルサイド・リサーチの供給インセンティブを阻害しないことも、重要な政策的な考慮要素だと考えられているように思われるのです。

　すなわち、完全なアンバンドリングにしてしまうと、セルサイド・リサーチが提供されなくなるおそれがある、そしてそれは顧客の利益にもならないという考え方が、恐らくアメリカにおける議論の背後にある考え方だと思います。これに対してヨーロッパのMiFID IIでは、そういった議論をいわば全て振り切る形でアンバンドリングを強行したという構造になっているのかなと。

　しかるに、純然たるリサーチ、しかもリサーチとしての内実のあるリサーチと取引執行をバンドルすることが、確かに利益相反的な要素はあるのですけれども、それがどの程度深刻な問題なのかは、慎重に考えるべき問題だと思います。それがバンドルされているから一概にだめだと本当に言ってしまえるのか、MiFID IIのような割り切りを本当にしてしまっていいのかは、やはり考えなければいけないことだなと、大崎先生のコメントを伺って改めて思いました。現時点で自分の考えがまだ固まっていないこともあって、お返事が抽象的なものになってしまうのですけれども、私から現時点で申し上げられることは以上でございます。

○大崎委員　1点、申し上げるのを忘れていたことがあります。リサーチがバンドルされていることでどのぐらい問題が起きていそうかということについては、多分海外では日本以上に行われていると思いますが、日本でも今、

執行評価をコンサルタントなどにやらせるのが機関投資家の間では標準的な実務になっています。少なくとも、執行能力が非常に低いのにコミッションがいっぱい落ちている業者があると、これはアセットオーナーからも詰めが入りますし、かなり問題になり得ます。そのときに、「いや、ここはリサーチがすごいので」という言い逃れをしようとすると、そうではなくて、もう少し執行能力のあるところへ出して、その分、リベートという形にはなってしまうのですけれども、例えばお金を戻してもらうとか、何かやり方があるだろうみたいな話になるので、執行評価をきちっとやることが利益相反予防になるのかなと思っております。

○行岡報告者　執行評価というのは、最良執行義務の体制の一環として導入されているものということですよね。

○大崎委員　そうですね。市場の本当に細かいデータを使って、そのときに執行して、何でこんな値段になっているのかというところまでチェックするというような感じです。

○行岡報告者　今伺った点も含めて、私自身、改めて調査・検討することが必要だと思いました。

　質問で返してしまって恐縮なのですが、ソフトダラーの文脈では、一つ一つの取引の執行コストの話とは別に、量的な過剰性といいますか、リサーチのクレジットを稼ぐために、必ずしも必要ではない売買をしてコミッションを払うというようなことも問題視されたりするのですけれども、それもやはり執行評価の枠内で評価されているという状況でしょうか。

○大崎委員　基本的には、執行評価はインデックスに対してどのくらいアウトパフォームできたかという観点からやるので、余計な売買をしていればパフォーマンスが悪くなるはずです。リスクを取り過ぎの割にパフォーマンスが悪いということになったりするはずなので、その辺は加味されていると思います。ただ、リサーチの代金をちゃんと計算した上で評価することができていないのが実情です。さっきの企業年金連合会の話にもありましたが、セルサイドのリサーチ代金は一体幾らなのかという価格を確定できないので、

リサーチに対して払い過ぎているかどうかがそもそもわからないということになると思います。
○行岡報告者　状況がよくわかりました。ありがとうございます。
○神作会長　大崎先生、大変貴重な情報提供等いただきましてありがとうございます。
　ほかに実務の方から最初の行岡さんのご質問に対するコメント等ございますでしょうか。
○齊藤オブザーバー　大崎先生からかなりお話しいただいたので、それに補足するような感じになると思うのですが、現状ですと、ソフトダラーの定義について特にかちっとしたものがあるわけではなく、今、日本においては、運用会社が売買委託手数料を支出する際に、明確にリサーチ部分の手数料を含めて払っているという整理にはなっていないと理解しています。あくまでリサーチは、証券会社が付随業務としてサービスで提供しているという前提です。そうすると、リサーチ費用も含めて売買委託手数料を払っているという意味でのソフトダラーにはならないということです。でも、証券会社もサービスでやっているとはいえ、当然それにはコストがかかっていますから、そこの部分は売買委託手数料の中から補っているという意味で言うと、それはソフトダラーになってしまうという見方もできると思います。そういった意味で、捉え方によって、ソフトダラーに当たる・当たらないというのは変わってくるのではないかと思いますけれども、現在ですと、あくまで証券会社は付随業務としてサービスでリサーチを提供していることになっている、そのように理解しています。

　金融庁において、今ソフトダラーの問題について議論が特に進展しているわけではないのですけれども、私も十数年前に市場課にいたときにソフトダラーの検討を致しました。特にイギリスでCSAが導入されていることもあって、業界の方からも、アンバンドリングとCSAといったものを日本でもできるようにしたほうがいいのではないかというご要望がありました。それを受けて、当時、我々も検討をしたところであります。

そのときの問題意識としては、行岡先生のご報告の中でもございましたように、リサーチのカバレッジや質を高めていくことに役立つのではないかということが一つ。また、証券会社の中には、執行能力は低いけれども、いいリサーチを出してくれるところもある。そうした証券会社からリサーチを得るためにある程度執行を割り当てるといったこともやっている実務があると聞いておりました。これがアンバンドリングすると、執行は執行能力の高いところにお願いし、リサーチはCSAの形態で、質のよいリサーチを出してくれる証券会社からもらうことができることになる。それは運用会社としてもより効率的な運用に資するのではないかといった主張を受けていましたので、そうした観点から、我々も検討していたところでございます。

一方で、行岡先生のお話にもございましたように、大手のアセットオーナーはソフトダラーを禁止しているということでございます。これをアンバンドリングしてCSAの形態でやろうとしたときには、売買委託手数料とは別にリサーチ料があって、それを運用財産から払っているということをアセットオーナー側に理解してもらうことが基本となるわけですが、業界からは、「アセットオーナーに開示しないでできないか」など、いろいろなお話もあったところです。しかし、そこは透明性の問題など様々な課題があってなかなか成案に至らず、その後も特に動いてないという状況がございます。

アンバンドリングやCSAをやろうとしたときに、アセットオーナーの理解が重要だと思うのですけれども、結局、日本の運用会社だと、運用報酬がかなり低い状況の中で、アンバンドリングして、リサーチの手数料部分もアセットオーナーが負担してくださいねということで理解が得られるかというと、なかなかうまく行きにくいのではないか。そうすると、自分たちの信託報酬の中から身を削ってリサーチ料を出さないといけないことになってしまうので、運用業界全体としてプラスになるのか。そういったことも重要な論点になるのかなと感じたところです。

○**行岡報告者** 貴重なご教示をいただきありがとうございます。非常に勉強になりました。内部的には議論はされていたけれども、その検討状況が何か

の形で公表されていたわけではないということですよね。
○齊藤オブザーバー　そうですね。
○行岡報告者　先ほど大崎先生から、投資先企業のインセンティブという観点をご指摘いただきましたが、齊藤さんのコメントを伺っていて、アセットオーナー側の観点も考える必要があることを認識いたしました。アセットオーナーの理解が得られなければアンバンドリングをしようにも実現できないわけで、すぐに答えられる準備がなくて申し訳ありませんが、その点も含めて、さらに検討していきたいと思います。

　ただ、最初におっしゃった、付随業務、サービスとして無料で提供しているという整理も見方によっては可能ではないかという点に関しては、昔はアメリカやイギリスでもそういう整理をしていたけれども、それは実態を捉えていないであろう、というところから今の議論になっていると思うので、見方の問題であるというのはおっしゃるとおりですが、そう簡単に割り切っていいのかなというのが、今日の報告の根底にある問題意識となります。それ以外の点については、直ちにお答えする用意がなくて申し訳ありませんが、ご教示・ご指摘いただいたことも含めて、考えなければいけないと思いました。

　こんなことをお伺いしていいのかわからないですけれども、今、資産運用立国に向けた取り組みが進められている中で、ソフトダラーについても今後検討する余地はありそうなのかどうなのかといったことについてのご感触はいかがでしょうか。
○齊藤オブザーバー　繰り返しになるのですけれども、運用業界が盛り上がっていくためには、しっかりとそこに運用報酬がおちていって、運用ビジネス自体もしっかりと成長していくような産業でなければ人も集まってこないと思います。そういった意味で、どうやって運用報酬を上げていくかということも重要な課題だと思っています。それとの関係で、ソフトダラーのリサーチをアンバンドリングさせていくことについてどう考えるのかというと、相反するような効果になるかもしれず、運用立国の中でアンバンドリン

グについて取り上げるかどうかについて、今のところ、まだそこまでには至っていないということでございます。

　一方で、アナリストカバレッジの問題も非常に重要な問題だと思っています。先生のご報告の中にもございましたが、我々もそこは問題意識を持っています。例えば数カ月前にブルームバーグで調べたものですが、アナリストカバレッジを、買い推奨・売り推奨といった推奨を出していればカバレッジされているだろうということで、代理変数でとってみたところ、全くカバーされていない銘柄の割合は、プライムでも33%ぐらい、スタンダードでは93%、グロースでは85%です。機関投資家の投資対象となっていくためには、やはりセルサイドのレポートがしっかりと出ていくことが重要ではないかと思っていまして、そのアナリストカバレッジをどう高めていくのかも重要な課題だと思っています。ただ、なかなか解がない。確かにCSAは、良質なレポートを出すところに対してお金が流れていく仕組みということで、1つ検討すべきものではないかとは思います。

○行岡報告者　ご指摘いただいたように、私もまさにそうなのかなと思っています。すなわち、良質なリサーチに適切に対価が支払われることによって、リサーチ市場がきちんと競争的に機能することが重要なのではないかと思います。ただ、言うは簡単だけれども、制度としてどうすればワークする形で実現できるのかということが難問なのだと理解いたしました。

　ちなみに、今ご教示いただいたのは、上場会社のアナリストカバレッジがされていない割合であり、特に高い数値のスタンダード市場では、ほとんどカバーされていないということですよね。グロース市場でカバレッジが低いであろうことは予想していましたけれども、スタンダード市場でも殆どカバーされていないというのは驚きでした。この点について、どういうふうに制度設計すればそういった現状が改善するかといった点について、もしよろしければ実務の方のご意見も伺いたいのですが、いかがでしょうか。

○神作会長　この研究会は、実務の方と研究者で一緒に開催している点に非常に大きな特徴があると思います。そこに金融庁、証券会社、そして日証協

からもご参加いただいているわけですが、さきほどの行岡さんのご質問について、できましたら証券会社のサイドから何かコメントをいただければ幸いに存じます。いかがでしょうか。

○坂本オブザーバー　野村證券の坂本と申します。

　私はリサーチ部門の現状のところはあまり把握していないのですけれども、先ほどの大崎先生のコメントや齊藤市場課長のコメントについては、おおむねそのとおりだという認識です。リサーチ部門の今のサービス提供は、恐らく金商法で言う付随業務として行っているところだと認識しておりますし、これは先生のレポートにも書かれているとおり、もし仮にリサーチの対価を受け取ることになると、恐らく投資助言業に該当することになりますので、業の規制に服するところなども課題の1つとして挙がってくるのではないかと思っております。

　最初のご質問のお答えにはなっておりませんけれども、必要であれば、またどこかで確認してご報告させていただければと思います。

○神作会長　大変ありがとうございました。ほかに証券会社のサイドからご発言等ございますでしょうか。もしよろしければ、次のご質問に移りたいと思います。どなたかご発言の希望がございましたら、会場の方は手を挙げていただいて、オンラインでご参加の方はチャットや手を挙げる機能等でご連絡いただければと思います。いかがでしょうか。

　少し考えていただく間に私から2つ質問させてください。

　EU法ですが、MiFID IIで、誘因報酬（inducement）の禁止があったと思いますけれども、その話と今日のお話がどのようにかかわるのかというのが1点目のご質問です。あるいはそれに関連して、そもそもこういった調査・分析についての手数料の開示の規制は一般的にあるのかどうか。

　2つ目のご質問は、今日の議論を聞いていて、直接のテーマではなくて恐縮ですけれども、アセットオーナーとアセットマネジャーとの関係で言うと、アセットマネジャーはスチュワードシップ活動とかエンゲージメント活動にかなりのコストと労力が割かれていて、本日ご報告いただいたのと同じよう

な問題がそこでも起こっているように思うのですが、エンゲージメント活動については、例えば米国とかEUについて、対価を巡る議論が何かあるのでしょうか。

　自分の問題関心に引き寄せて恐縮ですけれども、よろしければ、この2点についてお話しいただければと思います。よろしくお願いします。

○行岡報告者　まず、EUの誘因報酬（inducement）の禁止との関係はどうかということですが、ソフトダラーの問題点は、資産運用業者がブローカーに取引執行を委託するのに関連してリサーチその他の便益を受ける。その便益がMiFID IIの枠組みでいうところの誘因報酬に当たるのではないかということが問題とされているのだと理解しています。

　より具体的には、MiFID IIでは、投資会社一般に存在する誘因報酬規制とは別に、ポートフォリオ管理業者については、誘因報酬は（MNMB以外は）禁止であるという形で、より強い規制が設けられています。そのより強い規制のもとにおける誘因報酬に当該リサーチその他のサービスが当たるかどうかが問題で、この委任指令におきましては、リサーチについては、P&L方式またはRPA方式のいずれかの形でなければ、禁止される誘因報酬に当たるという形で整理しているものと理解しております。

○神作会長　何かグレーの部分がいろいろあるのではないかと思うのです。inducementはあくまでも禁止規定ですよね。禁止までいかないけれども、開示したほうが望ましいというような微妙な領域もある。それこそ先ほどの旅行の話とか、そういうものは禁止だと思いますけれども、いろいろ提供しているサービスの中には、グレーなもの、しかし、透明性を確保すれば提供しても良いものもあって、そのあたりグラデーションのある規律があるのかなというのがご質問の意図でした。

○行岡報告者　それがまさに、今日ご紹介した2024年8月のイギリスFCA規則の改正だと思います。また、今ヨーロッパでもMiFID IIの緩和の動きがあって、Listing Act Directiveの動きの中でソフトダラー規制の緩和が議論されていて、そこでもイギリスと基本的には同じ方向性で、一定のガード

レールを満たす限りにおいて、ジョイント・ペイメント、リバンドリングを認めるという方向で議論がされています。恐らくその背後にあるのは、一定のセルサイド・リサーチ、あるいは第三者リサーチも含むかもしれませんが、それを一定の透明な形でバンドルして提供することは、そこまで問題視しなくていいのではないかという考え方に基づく揺り戻しなのだと理解しています。

　ただ、それはそのようなバンドリングを問題視しなくていいという発想なのか、それとも、MiFID Ⅱの影響で今リサーチ業界が混乱しているといいますか、リサーチの提供が減少していて、リサーチ業界の将来が危ぶまれる状況になっている中での苦肉の策なのかはわかりません。いずれにせよ、そういう考え方は十分あり得ると思いますし、むしろ今の英欧はそういった方向に進んでいると理解しております。

○神作会長　2つ目のご質問については、何かもしお調べになったようなことがあったら教えてください。

○行岡報告者　直接のお答えになっていないかもしれませんが、コーポレート・アクセスの話がそれに関連し得るのかなと思っています。アメリカでは、コーポレート・アクセス、すなわち経営者と話をする権利を証券会社が資産運用業者に提供している状況にあるようですが、そういった形で経営者との面談の機会を設定し、それがエンゲージメントの機会になっているということだと思います。逆にイギリスは証券会社がソフトダラーのアレンジメントを通じてそのような機会を資産運用業者に提供することを認めない立場をとっているわけです。

　このコーポレート・アクセスに関しては、日本では現状どうなっているのか、もしご存じの方がいらっしゃれば教えていただきたいのですが、さしあたり思いつくところでは、そういった形で本日の報告とスチュワードシップないしエンゲージメントの議論は関連すると思います。すなわち、スチュワードシップ活動に必要なリソース、たとえばコーポレート・アクセスもそのリソースの1つだと言っていいと思うのですが、それをソフトダラーの対象に

すべきか否かは、アメリカとイギリスで立場が分かれているように、ポリシーの問題であり、価値判断が分かれうるところだと思われるため、議論しなければいけないのだと思います。

○神作会長　調査分析にしても、エンゲージメントにしても、むしろinducementという枠ではなくて、基本的には正当なサービスの提供だと思うのです。ですから、inducementの枠の中で議論してしまうと、ちょっと無理があるという印象を受けたので、ご質問させていただいた次第です。

○大崎委員　たびたびすみません。先ほどの神作先生のご指摘のエンゲージメントについて、これは私の理解なので、もしかしたら現状認識が間違っているかもしれませんが、一口にエンゲージメント活動と言っても、IR部門との対話のレベルのものと、経営者と直にというレベルのものとでは、大きな違いがあるような気がしています。IR部門が対応することで足りるのであれば、機関投資家のエンゲージメント担当者が直接アポをとって、証券会社を通さずにやっているという実情があると思います。そのときは、機関投資家はスチュワードシップ・コードで、向こうはコーポレートガバナンス・コード上対応しなければいけないという双方の義務感で円滑にいっていると思うのです。むしろ証券会社がある意味で売りにしたいコーポレート・アクセスは、もう少し経営トップとスモールミーティングで懇談できるとかいうような場で、これはスチュワードシップとは若干質が違うような感じではないかという気がいたします。それで証券会社がトップとのミーティングを設定できるのは、やはり先ほど申し上げた上場企業との関係の強さが背景にあると思います。

○行岡報告者　エンゲージメント、スチュワードシップと私は軽々しく言葉を使ってしまっていたと思いますけれども、経営陣との面談（コーポレート・アクセス）には、一般に機関投資家に期待されているスチュワードシップ活動とは性質が違うものが含まれているかもしれないということですね。まだうまく整理できてないのですけれども、そこは慎重に検討していきたいと思います。

○神作会長　調査にしても、エンゲージメントにしても、本当に多種多様なものが含まれているので、全部が全部、正当なものなのかと言われると、やはりグレーの部分があるのではないかと思います。大崎先生、大変ありがとうございました。

○松井（智）委員　本日のご報告を非常におもしろく伺いました。どうもありがとうございました。私は、これをどういう文脈で見るとよくわかるのかということを考えながら拝聴しておりました。

　私は昔、リテールとの関係で、証券会社がどういうふうにアドバイスをするのか、そのアドバイスに対して対価がどういうふうに設定されるのかというトピックを研究会で報告したことがあります。そのときに考えておりましたのは、資金力の弱い投資家に対してアドバイスというサービスについて対価を取ってしまうと、そもそも資金の流入量自体が減ってしまうのではないかということで、競争力というか、取引をするときに証券会社のほうが弱い立場にあるというか、このサービスを提供しないと投資を引き出せないという事情があるのではないか。だから、日本だと、投資顧問とか投資助言といった形ではなくて、ブローカーが助言をしなくてはいけないという構造になっているのではないかということです。

　しかし、今回の投資運用業者の話は、すでにファンドが組成されていて、お金が流入してきている場面であることを考えると、ブローカー・ディーラーの側に投資助言業の規制がかかる・かからないという考慮を除けば、マーケットとしては、報酬を請求しても、それほどマイナスになる要素がなさそうな気がしています。そうだとすると、リテールの話とファンドの運用に係る報酬の話は別ということもあるのかなとか思いながら伺っていたけれども、やはりこれは付随業務の一端として、同じ目線といいますか形で報酬を取っていないという整理なのだということが、伺っていてわかりました。

　この点は、マーケットの規律、アドバイスにかかる費用についての価格弾力性が同じではないのではないかと私は思ったのですけれども、違う環境なのに同じ運用をしているという意味だとすると、この先、証券会社が運用を

変えていく可能性があるのかどうか。あるいは、リテールであれ、ファンドであれ、同じように付随業務ということでやっていくしかないという事情が別途あるのか。こういった点について、行岡先生かあるいは実務の方かという点もあるのですけれども、伺えればなと思った次第でございます。

○**行岡報告者** 松井先生のご質問、コメントを伺いながら、私自身も考えが整理された部分があります。リテールにおけるアドバイスとの比較という観点で少し考えてみたいと思います。以前、ヨーロッパ・アメリカ・イギリスにおける投資アドバイスの規制について、少し調査・検討したことがあります。イギリスやヨーロッパでしばしば言われていたことですが、個人投資家はアドバイスに対してお金を払いたがらないということが、規制当局の調査、あるいは規制当局の委託に基づく調査機関の調査によって、明らかにされています。その観点からすると、リテール市場においては、アドバイスと一定の取引の執行をバンドルすることに、もしかしたら何らかの合理性があるといえるのかもしれません。

　たとえば、イギリスでは、投資アドバイスに対する誘因報酬を一律禁止する規制、すなわち、投資アドバイスに対しては、顧客から別途フィーを取らなければいけないという大胆な規制を2012年末に導入しました。その結果、いわゆるアドバイスギャップと呼ばれている現象が起こった。すなわち、アドバイスにそれなりに高額のコストがかかることが見える化されたことで、リテール投資家の中は、きちんとお金を出してアドバイスを取得する富裕層と、アドバイスに対してお金を払いたがらない一般リテール層に大きく二極化したと言われている状況です。

　これとの比較で言うと、では資産運用業者はどうなのか、というのが松井先生にいただいたご質問なのだと思います。資産運用業者が合理的に行動するのであれば、取引執行とリサーチが仮にアンバンドルされ、取引執行市場とリサーチ市場が分断されたとしても、資産運用業者としては、取引執行については取引執行の合理性の観点から業者を選び、リサーチについてはその価値に見合う対価を支払うという形で、合理的に行動するはずではないかと

思うのです。つまり、アドバイスに対してお金を支払いたがらないというリテール市場における行動原理が、資産運用業者については必ずしも妥当しないと期待してよいのではないかとも思われるわけで、恐らくこれがMiFIDⅡの前提にあった考え方なのではないかと思います。問題はそのように本当に考えられるのかということと、仮にアンバンドリング規制が導入されたときに、リサーチ市場が本当にうまくワークするのかということはまた別途問題になるわけですけれども、ただ、考え方としては、リテール市場とは状況が違うということは言えるのではないかと思います。かなり直感的なお答えになってしまいますけれども。

○松井（智）委員　私もそうなのではないかなとは思っております。あとは日本において、これがリテールでも、あるいは投資運用業者に対しても、どちらも付随業務であると位置づけられていることの背景といいますか、そういったところで制度ができているために現在の状況ができているのかなという気もしますけれども、いろいろと勉強になり、頭の整理ができました。どうもありがとうございました。

○松尾委員　ご報告どうもありがとうございました。私からは少し目先を変えて、運用業者内部のファンド間での費用の配分の話を聞いてみたいです。

　これは顧客との関係で利益相反になるということで、イギリスには費用を公正に配分せよというルールがあったと思うのですけれども、どうすれば公正と言ってもらえるのか。また、アメリカでは先ほど神作先生もおっしゃった、エンゲージメントに関する費用をファンド間でどう配分すべきかということが議論になっていたと思うのですけれども、費用の配分が公正でなければならないというルールがあるとして、どのように配分すれば公正と言ってもらえるのかというのが1つの質問です。

　また、費用の配分の話は顧客との関係もあるのですけれども、例えば、ファンド間で価格競争力がありそうなファンドに費用を負担させて、価格競争が激しいファンドには配分しないようにすると、結果的に他の運用業者との関係で優位に立てる。例えば1つしかファンドを持っていないと、そこに費用

が全部集中するわけですけれども、複数のファンドを持っている大手の業者は、費用の配分の仕方を工夫することによって、運用報酬というか、費用の安いファンドを事実上つくり出せるかもしれない。そういう意味で、運用業者間の競争の観点でも問題になり得るように思うのですけれども、そういうところはあまり問題になっていないのでしょうか。あるいは、あまり深刻にはなっていないということなのでしょうか。これが2つ目の質問です。どうぞよろしくお願いいたします。

○**行岡報告者** 私の調査が十分でないため、満足なお答えができないのですけれども、1点目の顧客間ないしファンド間での費用配分については、当該顧客資産が利益を受けた度合いに応じて配分するというのが基本的な考え方になるのだろうと理解しております。ただ、それが具体的にどういう形で行われているのかというのは、実務レベルでの調査が及んでおりませんで、すみません、直ちにお答えができない状況でございます。

　2点目は、恐らく問題になり得ると思います。資料の2ページに問題を4つ掲げたうちの①、いわゆる内部補助の問題です。ただ、実際に実務がどうなっているかとか、あるいは規制の実務レベルでのことは直ちに自信を持って言えません。そのため、想像の域を出ない話になってしまうのですけれども、ファンドも、投資戦略などに応じてある程度グループ化できると思うので、当該リサーチが当該投資戦略のファンドのグループに対してどの程度便益をもたらすかという、ファンドのグループごとの便益の度合いに応じて対価を配分するのであれば、内部補助の問題は、ある程度は解消できるのかなと思います。

　とはいえ、規模の経済が働く以上は、大手の資産運用業者がコスト面で優位になることは避けられないので、大手の運用業者と小規模な運用業者との間でコスト面での競争力に差が生じることについて、根本的な解決は難しいのかなと思います。不十分なご回答で申し訳ありません。

○**神作会長** ほかにご質問、ご意見等ございますでしょうか。オンラインでご参加してくださっている委員の皆様、いかがでしょうか。

〇齊藤オブザーバー　行岡先生にご質問させていただきたいと思います。イギリスやEUの揺り戻しの動きは承知していたのですけれども、いろいろな方からの話の中では、アナリストのレポートが壊滅的な状況になっているから揺り戻しが生じているのだといった文脈でよく聞いていました。

　先生のご報告の16ページになりますが、MiFID IIの影響の実証分析をした学術論文ではおおむね、カバレッジは総じて減少しているのですけれども、中小はそうではなくて、クオリティも向上しているということで、かなりポジティブな感じになっています。私が聞いている話とはちょっと違っていて、学術論文だとそうなっているのかと非常に驚きだったのですけれども、学術論文やレポートの中では、そういったポジティブな評価を皆さんされている感じでしょうか。

〇行岡報告者　ここは私もすごくおもしろいといいますか、どうしてこうなっているのかというのは興味深いと思っております。どういうことかといいますと、齊藤さんがおっしゃったように、ニュースメディアとか法律事務所などが出している記事のようなものなどでは、MiFID IIによってアナリスト市場は壊滅的である、リサーチの供給が激減したことが問題であり、それに対して規制緩和の動きが進んでいるという説明の仕方がされています。

　これに対し、学術論文の方では、私自身の詳細な分析がまだ間に合ってはいないものの、少なくとも私がこれまで拝見した限りでは、資料16ページの①②に記載した点に関しては、結論が一致しています。そうすると、一般に言われていることと学術論文で言われていることで大分印象が異なるのですが、それがなぜなのか、これらは相互にどのような関係にあるのか、まだよく理解できていないままに、今日ここに臨んできてしまっております。この点については引き続き調査・検討してみたいと思っています。この研究会では、最後に論文にまとめる機会があると思いますので、論文にするまでには、この点もできる限り解明したいと考えています。

〇武井委員　貴重なご報告を誠にありがとうございました、大変勉強になりました。そんなに詳しいわけでもないのですが、総論的に感じたことについ

て申し上げます。

　幾つかの切り口があると思うのですがその中で、利益相反というのは、例えば役員の独立性要件とかでもそうなのですが、一種の消極要件であって、積極要件のほうというか、質の担保そのものではないのですね。そして、消極要件のほうは法制度とかルールで設定することになじむ性格があるところ、消極要件のほうをあまりに強めることによって、逆に犠牲になる積極要件、質という根本問題があると。この点も踏まえて、消極要件の法制度は相当慎重に設計すべき話なのだと思っています。そういう消極要件、ネガティブな面からの話をやればやるほど、同時に失われるものも多々ある。今のリサーチの将来が危ぶまれる等々というのもその論点の一つかと思うのですが、慎重に考えて制度設計しないとまずいだろうなと思います。

　何を言いたいのかと言いますと、とにかく資金拠出者も誰でも安いコストで効率的に儲けたいと考える、これは致し方ない。しかし、これは金融業界に限らず昨今の企業経営のエリアでもそうですが、今これだけグローバル化してDX化していろいろな形で競争が激しいと、そんなに甘い時代ではない。競争力の維持・強化のためには、リサーチなどの無形資産系にいかにリソースを割けるインフラになっているのか。この点は制度設計を行うにおいて十分に意識を払って考えないといけない論点なのだと思っています。市場原理からの経済合理性が強く出て、どうしても「できるだけ安いコストで」とか短期志向もあって中長期の足腰が弱くなる。こうした無形資産系が失われてミクロの視点で規制を置いた結果、どんどんリサーチがシュリンクしていって、足腰が弱くなっていくという懸念は、今の時代だからこそ本当に深刻に考えなければいけない論点だと思うのです。そういったものの一端がここにもあらわれているのだなと思いました。

　さっきの人的資本の点とかも関連しますし、研究開発とか、いわゆるそういった事項を費用と考えるなというのが各所で重要政策として進められています。その話の根幹を考えたときに、目の前に見えているミクロの利益相反の話から、どんどん積極要件が失われていくという根幹を本当に考えていか

なければいけない時代だと思います。ですので、日本の場合は、ヨーロッパとかアメリカと比較して、資本市場を含めて、いろいろと異なる状況と課題がある中で、ヨーロッパの規制をそのままコピペするというのは、この分野に関してはやはり違うだろうなと感じます。

　逆に言うと、今、資産運用業界、あとアセットオーナー・プリンシプルとかもそうなのだと思いますが、無形資産にいかにリソースを割けますか、割いてもらえますかというのが一つの大きなテーマなのだと思います。利益相反は小さな問題とは言いませんけれども、消極要件のほうから失われる積極要件という根本問題も考えなければいけない。

　実はこれは上場会社の独立役員の独立性要件でも同じ問題が起きています。形式要件がどんどんせり上がって課されていっている現状の中で失われている実質。その点について、政策においてはやはり相当慎重にバランスをとっていかなければいけない時代なのだと思います。そうした根っこの論点が今日のここにも出ているのかなと思いました。抽象的なコメントですみませんが、感想でございます。

○**行岡報告者**　武井先生、ありがとうございます。武井先生が今おっしゃったことが、まさに私がこの報告の準備をしている中で感じていたことでした。つまり、私がこの研究に着手したときは、イギリスやMiFID Ⅱを参考に、日本でもソフトダラーの規制を強化するべきではないかという着地点を予想しながら研究を進めていたのですが、調査・検討を進める中で、事はそう単純ではないと考えるようになりました。

　すなわち、本日の報告の最後の方で申し上げたとおり、比較法を踏まえますと、ソフトダラーには一定のトレードオフがある。一方で、利益相反のおそれとか透明性の問題は確かにあるのだけれども、他方で、これをあまり強く規制するとリサーチの供給がむしろ滞ってしまうおそれがある。リサーチという無形の価値の提供に対して十分に報いることができなければ、結局そこに対する資源の投下が過少になってしまうおそれがあるのではないか。そうすると、規制を強化すればいいというような単純な話ではないと思うとこ

ろでありまして、これは武井先生がまさにご指摘されたとおりだと思います。
　ただ、結論として規制を強化するかどうかは別として、全く議論しなくてもいいというわけではないのではないか、という問題意識が私自身の中にはあります。すなわち、ソフトダラーに関しては一定の政策的なトレードオフがある中で、日本としてどういう方向で進んでいくのかを自覚的に議論した上で、今後の方向性を見定めていくべきではないかというのが、私の本日の問題意識と報告の趣旨でございます。
○武井委員　ありがとうございます。目に見えない付加価値にいかにお金を払うかという根本問題の1つだなと思いました。アセットオーナーについてもそうだと思います。
○神作会長　たしかGPIFは、パッシブ運用な中でもスチュワードシップを重視したパッシブ運用モデル（「エンゲージメント強化型パッシブ」）を採用し、手数料についてもそのようなスチュワードシップ活動を評価し勘案するという実務を始めたと理解しています。そのような実務がだんだん広がって、定着していくと良いと思います。
○松井（智）委員　今の武井先生とのお話を伺っていて思ったことなのですが、情報に対する対価の値づけの仕方がそもそも妥当なのかという問題に今少し入っておられたと思います。
　基本的にMiFID IIもそうですが、アンバンドリングすることはサービスに対する価格を設定することであり、当該価格の設定が合理的であれば、正しい量の情報が供給されるということだと思うのです。ですから、今までのソフトダラーの供給が不正なものだったのであれば、情報は過剰だったはずですし、今回のこの状況をみんなが、情報は過少になってしまったと感じているのであれば、今までの値づけのほうが正しかった。むしろ個別の情報に正しい価格を考え出した瞬間に情報供給が過少になってしまったということだと思います。そうだとすると、これは契約で正しい対価が設定できない種類の財なのではないかということが問題になるのかなと思いました。
　そうすると、財の値づけの仕方といいますか、それぞれのリサーチ機関が

出してきている情報がなぜ過少に値づけされるのかという点についても考察すべきで、リサーチの仕方とか、情報の出し方というものが、情報の受け手側にとってどのように値づけされるのかのプロセスが問題なのかもしれません。情報が財として正しく値づけできない性格のものであるならば、もしかすると、価格決定プロセスの妥当性自体を根本的に考え直さなければいけない問題かもしれず、そういう意味では、世界の規制が間違っているみたいな話になってしまうので、結構大きな話なのですけれども、情報の使われ方みたいなことについて深く調べることが今後必要になってくるのかなと感じました。

〇行岡報告者　投資アドバイスにせよ、リサーチにせよ、ある種の情報の価値というものを適切に測定して、それに対する対価を支払う市場が果たして成立し得るのか。アドバイスなどは信用財（credence goods）の一種だと言われますけれども、そういったものに対する市場が、何らかの規制を導入することで成立し得るのかという根本問題ですよね。先ほど、リテール市場と異なり、資産運用業者はリサーチに対して適切に対価を支払うのではないか、という素朴な見方を申し上げましたが、事はそう単純ではないかもしれないということだと思います。少し難し過ぎる問題ですけれども、それは確かに考えなければいけない根本問題だと思いました。

〇神作会長　松井先生、貴重なご指摘どうもありがとうございます。

　そろそろ予定の時間となりましたので、このあたりで質疑応答を終了させていただきたいと思います。行岡さんには本当に貴重なご報告をいただき、誠にありがとうございました。

　次回の研究会は、議事次第にもございますように、来年2月27日（木）10時から12時に開催させていただきます。次回は、飯田秀総先生からご報告を行っていただく予定です。

　それでは、本日の研究会を終了したいと思います。年末の大変お忙しいところ、ご参加いただき、ありがとうございました。

報告者レジュメ

いわゆるソフトダラーの規制について
　——リサーチ・アンバンドリングを巡る米英の近時の議論状況

日本証券経済研究所　金融商品取引法研究会
2024 年 12 月 25 日
神戸大学　行岡睦彦

Ⅰ．はじめに

1．リサーチとは

英米における整理によると[1]：
① フルサービスのブローカー・ディーラーが提供するもの（セルサイド・リサーチ）
② 機関投資家（資産運用業者）が内部的に行うもの（バイサイド・リサーチ）
③ 上記①②のいずれにも該当しないもの（独立リサーチ／第三者リサーチ）

資産運用業者がリサーチに対してどのような形で対価を支払うかは、リサーチの供給量に影響を与え、ひいては株式市場の情報効率性に影響を与える可能性がある[2]。

2．ソフトダラーとその問題点

(1) ソフトダラーとは
本報告で「ソフトダラー（soft dollars）」とは、資産運用業者が、顧客資産の負担において証券会社に支払う売買委託手数料（売買コミッション）を対価として、リサーチその他の商品・サービスの提供を受けるアレンジメントを総称するものとする[3]。

具体的な態様は様々なものがありうる。たとえば、ソフトダラーにより提供される商品・サービスは、リサーチ以外のもの（後述の市場データやコーポレート・アクセスなど）もありうる。また、提供されるリサーチは、当該証券会社自身が提供するセルサイド・リサーチであることもあれば、それ以外の独立系リサーチ提供者が提供する第三者リサーチであることもありうる（後述の米国の CCA や英国の CSA のアレンジメントを参照）。

---
[1] SEC (2022) p. 8; IMA (2014) p. 5.
[2] Mahoney (2020) p. 2174.
[3] これに対し、資産運用業者が自らの負担でリサーチを取得するアレンジメントを「ハードダラー（hard dollars）」ということがある。

（2）ソフトダラーの問題点

ソフトダラーによるリサーチへの支払いは、運用財産のリターンの減少という形で反映される。すなわち、当該リサーチのコストは、当該資産運用業者に運用を委託した顧客が負担することとなる。

- Mahoney (2020) の説明：「ファンドがポートフォリオ取引に関連して支払う売買コミッション（brokerage commission）は、経費（expense）ではなく、当該資産の売買価格に反映される。したがって、それは、経費率（expense ratio）ではなく、実現するリターンに影響を与えることとなる。」[4]
- Jackson & Zhang (2022) の説明：「〔ソフトダラーの利用により〕投資顧問（investment adviser）の営業利益率は増加し、そのコストは、取引のブローカレッジに対するヨリ高い売買コミッションによるポートフォリオの純リターンの減少という形で、当該投資顧問のミューチュアルファンドの顧客へと転嫁される。」[5]

これは、もしも投資運用業者が自らリサーチ（バイサイド・リサーチ）をしたならば自らが負担すべきだったコストを、顧客に負担させることを意味する[6]。

見方を変えると、資産運用業者は、自らの経済的負担なしに（顧客の負担で）リサーチの便益を受けることができることとなる。ここに利益相反のおそれが生じる[7]。たとえば[8]：
① あるファンドの資産を用いて取得したリサーチを他のファンドで利用する[9]。
② ソフトダラーによりリサーチを取得するために過剰な取引執行を委託する[10]。
③ ソフトダラーにより獲得したクレジットを用いて過剰なリサーチを取得する。
④ リサーチの対価が不透明となり、支出に対する付加価値の検証が困難となる。

3．本報告の課題

- 米英における規制の沿革と、近時の議論状況のフォローアップ
- 分析視角の抽出、日本法における今後の検討課題の析出

※ 背後にある問題意識：株式市場の情報効率性の基礎となるべきリサーチのあり方

---

[4] Mahoney (2020) p. 2187.
[5] Jackson & Zhang (2023) p. 309.
[6] Mahoney 2020: 2179.
[7] See generally Jackson (2008) p. 91.
[8] See, e.g., Mahoney (2020) p. 2187.
[9] 「内部補助（cross-subsidization）」と呼ばれることがある。
[10] ブローカー・ディーラー側からみると、資産運用業者からの注文フローを確保するために、リサーチその他のサービスを抱き合わせで提供するインセンティブが生じうる。See Jackson & Zhang (2023) pp. 106-107.

II．米国

1．総説

資産運用業者とブローカー・ディーラーの間におけるソフトダラーの利用が一般的。
- 歴史的な経緯と規制の構造（下記2）
- SECの解釈とそれを前提とする実務の状況（下記3）
- 欧州 MiFID II（リサーチ・アンバンドリング）への対応（下記4）

2．規制の概要

(1) 沿革

1975年まで：固定売買コミッション（fixed commission）
- ブローカー・ディーラーは、価格以外の側面で競争する必要に迫られた。
- 取引の執行に付随してリサーチを提供するソフトダラーの実務慣行が生まれた[11]。

1975年：固定売買委託手数料の廃止
- アドバイスやリサーチを提供せず、安価な売買コミッションで取引の執行を受託する事業者（いわゆるディスカウント・ブローカー）が登場。
- かかる安価な取引執行サービスを利用せず、相対的に高い売買コミッションを（顧客の負担で）支払ってリサーチ等のサービスを享受することは、資産運用業者の顧客に対する信認義務[12]に違反するのではないか、という問題が浮上。
  - ∵ ソフトダラーは、顧客の資産を利用して資産運用業者自身が一定の便益を獲得する行為（換言すれば、本来資産運用業者自身の負担で獲得すべきリサーチ等のサービスを顧客の負担で獲得する行為）であるといえるため[13]。

---

[11] Jackson & Zhang (2022) pp. 315-316. See also SEC (2006) p. 41980.
[12] たとえば、Restatement (Third) of Agency §8.02 は、「代理人は、本人のために行う取引またはその他の行為に関連して、第三者から重要な便益を獲得しない義務を負う」と定めている。See also Mahoney (2020) p. 2179.
[13] See SEC (1986) p. 16005.

(2) 資産運用業者のセーフハーバー規定

1975 年、証券取引所法の改正（**証券取引所法 28 条(e)項**の新設）
・ 資産運用業者[14]の信認義務違反に関するセーフハーバー規定。
・ ブローカー・ディーラーから資産運用業者に対してブローカレッジおよびリサーチのサービスが提供される場合において、取引執行について他のブローカー・ディーラーが請求したであろう金額を超える金額の売買コミッションを顧客口座から当該ブローカー・ディーラーに対して支払ったとしても、当該ブローカー・ディーラーにより提供されるブローカレッジおよびリサーチのサービスの価値に照らして当該売買コミッションの金額が合理的（reasonable）であると当該資産運用業者が誠実に（in good faith）判断するならば、かかる支払をもって直ちには州法・連邦法上の信認義務違反とはみなされない[15]。

セーフハーバー規定のポイント：
・ SEC によれば、証券取引所法 28 条(e)項を制定することで、連邦議会は、ブローカー・ディーラーによる資産運用業者への投資リサーチの作成・頒布というサービスの重要性を認めるとともに、資産運用業者が、一定の要件のもとで、売買コミッションを対価として、取引執行のみでなくリサーチを受けることができるセーフハーバーを設けたものである[16]、とされる。
・ 具体的にどのような場合にかかるセーフハーバーの要件を満たすと解されているかについては、下記 3 で概観する。

---

[14] 条文上は、「口座に関する投資裁量の行使において郵便その他の州際通商の手段または方法を用いる者」とされている。
[15] Section 28(e)(1) of the Securities Exchange Act of 1934.
[16] SEC (1986) p. 16005.

(3) ブローカー・ディーラーと投資顧問法

資産運用業者にリサーチを提供するブローカー・ディーラーは、投資顧問法上の「投資顧問」に該当しないか、という問題がある。
- → もし「投資顧問」に該当すると、投資顧問登録をした上で、投資顧問口座（advisory account）を用いて顧客と取引を行わければならない。この場合、顧客に対して信認義務を負うこととなる[17]ほか、顧客との直接取引を行うためには取引の都度事前に顧客の同意を得る必要がある（投資顧問法206条(3)項）など、ブローカー・ディーラーとしての通常の業務態様でのサービス提供に支障が生じる[18]。

投資顧問法上、「投資顧問」とは、「報酬を得て、証券の価値または証券の投資もしくは売買の当否に関して、直接または出版物もしくは書面を通じて、他人に助言を行うことを業とする者」または「報酬を得て、通常の業務の一環として、証券に関する分析または報告書を発行または公表する者」をいう（投資顧問法202条(a)項(11)号）。
- → 対価を得てリサーチの提供を業とすることは、「投資顧問」の定義に該当する。したがって、ブローカー・ディーラーが顧客に対してリサーチの提供を行う場合には、投資顧問としての規制に服することが原則となる。
- → しかし、ブローカー・ディーラーには、投資顧問の定義からの除外（exclusion）が認められている。すなわち、ブローカー・ディーラーは、その事業遂行に「もっぱら付随的（solely incidental）」で、かつ、それに対して「特別な報酬（special compensation）」を受けずにリサーチを提供する場合には、「投資顧問」の定義から除外される[19]。

SECは、ブローカー・ディーラーが、フルサービス・ブローカレッジについて、執行のみのサービスよりも高い売買コミッションを受け取っているとしても、そのことをもって直ちに「特別な報酬」ありとは解さない立場[20]。
- → 逆に、リサーチの対価を別建てで受け取ると、その時点で「投資顧問」としての規制に服することとなりうる。資産運用業者がブローカー・ディーラーに対して取引執行とリサーチのサービスの対価を別個に支払うアレンジメント（アンバンドリング）は、ブローカー・ディーラーの業務として実現することは難しい。

---

[17] これは、一般的な詐欺防止規定である投資顧問法206条(1)項・(2)項の解釈によるものであり、連邦最高裁による一連の判例によって確立された考え方である。See SEC v. Capital Gains Research Bureau, Inc. 375 U.S. 180, 194 (1963); Santa Fe Industries, Inc. v. Green, 430 U.S. 462, 471 n. 11 (1977); Transamerica Mortg. Advisors, Inc. v. Lewis, 444 U.S. 11, 17 (1979).
[18] 換言すれば、投資顧問としての規制は、一般的なブローカー・ディーラーとしてのビジネスモデルとは相性が悪いといえる。See Jackson & Zhang (2023) p. 141.
[19] Section 202(a)(11)(C) of the Investment Advisers Act of 1940.
[20] SEC (2007) p. 55129. このルールは結局採択されなかったが、SECの立場を示すものとして、その後もSECの公式文書で引用されている。たとえばSEC (2019) p. 33683, n. 17参照。See also Mahoney (2020) p. 2189-2191.

３．SEC の解釈と実務

現在にも連なる基本的な考え方を定立したのが、SEC の 1986 年の解釈通牒。

- セーフハーバーの対象となる「リサーチ」該当性についての基本的な考え方は、「資産運用業者が投資判断の責任を果たす上で合法かつ適切な補助（lawful and appropriate assistance）を提供するかどうか」[21]、である。
- 「リサーチ」と称する商品・サービスがそれ以外の機能をも担う場合（これをソフトダラーの「混合利用（mixed-use）」という）[22]、資産運用業者は、当該商品のコストをその用途に応じて合理的に配分すべきである。また、誠実性を証明するために、配分に関する適切な帳簿と記録を残さなければならない[23]。

その後、セーフハーバーにより許容されるソフトダラーの範囲をさらに明確化したのが、SEC の 2006 年の解釈通牒。主なポイントは以下のとおり：

(1) セーフハーバーの対象となる商品・サービスを明確化。たとえば、会社の経営陣との面会は、セーフハーバーの対象となる[24]。証券市場に関するリサーチ（トレード・アナリティクスなど）や、市場の地合い（market color）・取引執行戦略に関するアドバイスも、セーフハーバーの対象となる[25]。市場データ（株式の気配値、最終売買価格、取引出来高など）も、セーフハーバーの対象となりうる[26]。

(2) 混合利用（mixed-use）については、1986 年の解釈通牒の立場を堅持。資産運用業者は、当該商品のコストをその用途に応じて合理的に配分すべきであり、誠実性を証明するために、配分に関する適切な帳簿と記録を残さなければならない、とする[27]。

(3) 第三者リサーチ（third-party research）に関して、①資産運用業者が幅広い範囲の独立リサーチの商品・サービスから選択できるようになること、および、②専門化したリサーチを獲得できるようになること、という利点があることを指摘し、セーフハーバーの枠内で第三者リサーチを対象とするアレンジメントを妨げない解釈を提示[28]。

---

[21] SEC (1986) p. 16006.
[22] たとえば、資産運用業者がリサーチ勉強会に招待された場合、セミナーそれ自体の参加費は売買コミッションから支払うことができるが、リサーチに関連しない費目（たとえば旅費や滞在費など）はセーフハーバーの対象にならないとされる。SEC (1986) p. 16007.
[23] SEC (1986) p. 16006.
[24] SEC (2006) pp. 41985-41986. これは、コーポレート・アクセスがセーフハーバーの対象となることを明らかにしたものであると解されている。See Bengtzen (2017), p. 65 n. 94. 実際、ソフトダラーの資金使途の最も大きな割合を占めるのがコーポレート・アクセスであるとの指摘もある。Jackson & Zhang (2022) pp. 314-315; Jackson & Zhang (2023) p. 110.
[25] SEC (2006) p. 41987.
[26] SEC (2006) pp. 41987-41988. SEC は、このようなアプローチは、資産運用業者が生データを利用して自らのリサーチ・アナリティクスを生み出すイノベーションを促進するであろうと説明している。
[27] SEC (2006) pp. 41990-41991. たとえば、ポートフォリオのパフォーマンス評価サービスのコストはリサーチとして扱ってよいが、マーケティング目的のサービスやレポートのコストはそうではない、とする。
[28] 詳しくは SEC (2006) pp. 41992, 41994-41995.

上記(3)は、実務における「**クライアント・コミッション・アレンジメント（CCA: client commission arrangement）**」と呼ばれるアレンジメント[29]の利用を妨げない趣旨であると理解できる。

クライアント・コミッション・アレンジメント（CCA）とは：
- 資産運用業者がブローカー・ディーラーに支払う売買コミッションの一定割合を、リサーチへの支払のためにプールしておくアレンジメントのこと。大きく 2 つのバリエーションがある。
    ① 当該ブローカー・ディーラーが管理する CCA に資金をプールしておき、当該ブローカー・ディーラーが提供するリサーチへの支払に充てるもの。
    ② 外部の「集約事業者（aggregator）」が管理する CCA に資金をプールしておき、当該ブローカー・ディーラーまたは第三者（他のブローカー・ディーラーや独立リサーチ提供者（IRP: independent research provider））が提供するリサーチへの支払に充てるもの。
- 上記②の場合、CCA は、取引執行ブローカー・ディーラー以外のブローカー・ディーラーや独立リサーチ提供者への支払にも充てることができるため、資産運用業者にとって、ヨリ幅広いリサーチを取得できるようになるというメリットがある[30]。
- CCA には、リサーチ・コストの透明化向上というメリットもある[31]。なぜなら、資産運用業者から取引執行ブローカー・ディーラーに売買コミッションが支払われた後、当該ブローカー・ディーラーが、①自らが管理する CCA にクレジットするか、または②集約事業者が管理する CCA に送金する段階で、売買コミッションとリサーチ・コストとがアンバンドルされ、それぞれのコストが明らかにされるため。

2006 年の SEC 解釈通牒の公表後、SEC が CCA に関して複数のノーアクションレター[32]を発行したこともあって、米国において CCA の利用が普及した[33]。
- ※ もっとも、Jackson & Zhang (2023) によれば、取引執行とリサーチのコストが明確化されるはずの CCA を利用する場合であっても、かかるコストの内訳が顧客に明確に開示されているわけではなく、ソフトダラーにより支出されるリサーチのコストが運用財産（ファンド）間でどのように配分されているか、不透明であるという[34]。

---

[29] Mahoney (2020) p. 2192. 当時、英国の FCA が好意的に評価していた CSA (commission sharing arrangement) （下記Ⅲ 2 参照）に相当するものといえる。
[30] SEC (2006) p. 41992.
[31] See Jackson & Zhang (2023) p. 108.
[32] ブローカー・ディーラーが CCA を通じてリサーチの対価の支払を受ける場合、「特別な報酬（special compensation）」を受領したものとして、投資顧問法上の除外規定の対象外とならないかが問題とされてきた。たとえば、BNY ConvergEx Group, LLC No Action Letter (Sep 21, 2010) 参照。Jackson & Zhang (2023) p. 141 n. 178; p. 154 n. 240-241 も参照。
[33] Jackson & Zhang (2023) pp. 121-122.
[34] Jackson & Zhang (2023) pp. 123-129.

4．欧州 MiFID II の影響

欧州 MiFID II への対応
- MiFID II の施行により、欧州の資産運用業者は、第三者から誘引報酬（inducement）を受領し、保持することが、原則として禁止される。そして、リサーチは、後述の一定の要件（P&L 方式または RPA 方式のいずれか[35]）を満たさない限り、ここで禁止される誘引報酬に該当するものとされている（下記Ⅲ3参照）。
- 米国のブローカー・ディーラーが欧州の資産運用業者にリサーチを提供するためには、取引執行とリサーチをアンバンドルし、P&L 方式か RPA 方式のいずれかの方法でリサーチの対価を受け取らなければならない。
  - → この場合、当該ブローカー・ディーラーは、リサーチに対して「特別の報酬（special compensation）」を受け取るものとして、投資顧問法上の除外規定が適用できなくなるのではないか、という問題が浮上[36]。

SEC（投資運用部門）のノーアクションレター[37]
- 上記問題への対応として、SEC は、2017 年 10 月、ノーアクションレターを発行[38]。米国のブローカー・ディーラーは、リサーチの提供の対価として、MiFID II の対象となる資産運用業者から RPA 方式または P&L 方式による支払を受けても、そのことのゆえに投資顧問とはみなされない。
- このノーアクションレターは、MiFID II の施行から 30 か月間という時限付のものであり、2020 年 7 月 3 日に失効する予定だったが、その後、2019 年 11 月 4 日、これを 2023 年 7 月 3 日まで延長する旨の決定がなされた[39]。

---

[35] P&L 方式とは資産運用業者が自らの負担でリサーチの対価を支払う方式（米国でいうハードダラー (hard dollars)）をいい、RPA 方式とは顧客負担のリサーチ支払口座（RPA: research payment account）からリサーチの対価を支払う場合をいう。
[36] SEC (2022) pp. 32-34.
[37] 2017 年 10 月 26 日には、本文で取り上げるもののほか、2 通の関連するノーアクションレターが発行されているが、本報告では取り上げない。これら 3 通のノーアクションレターの概要については、https://www.sec.gov/newsroom/press-releases/2017-200-0 参照。
[38] SIFMA, SEC Staff No Action Letter (Oct. 26, 2017), available at https://www.sec.gov/divisions/investment/noaction/2017/sifma-102617-202a.htm
[39] SIFMA, SEC Staff No Action Letter (Nov. 4, 2019), available at https://www.sec.gov/investment/sifma-110419. See also https://www.sec.gov/newsroom/press-releases/2019-229.

ノーアクションレターの失効（2023 年 7 月）
- もっとも、その後の再延長はなされず、2023 年 7 月 3 日、ノーアクションレターは失効した。その理由について、投資運用部門の Director である William Birdthistle 氏は次のように説明する[40]。
  - そもそも、上記のノーアクションレターは、MiFID II 施行に対処するための時間稼ぎのためのものであった。
  - その後、ブローカー・ディーラーたちは MiFID II に対する様々な対処法を発展させてきた（たとえば、ブローカー・ディーラーが投資顧問としても登録する、登録投資顧問である関連会社にリサーチの提供を行わせる、など）。
- これに対し、SEC 委員の Mark Uyeda 氏は、2023 年 7 月のノーアクションレターの失効は時期尚早であり、欧州や英国の規制緩和の動向を見守るべきだったと指摘する[41]。

5．小括

後述の英国との比較で注目すべき点：
- セーフハーバーに該当する限り、資産運用業者が取引執行とリサーチをバンドリングすることが明示的に許容されている。むしろ、ブローカー・ディーラーが投資顧問法上の規制を免れるためには、これらをバンドリングすることが必要となっている。
- ソフトダラーが許容される「リサーチ」の範囲は、英国よりも広い。たとえば、米国では、市場データやコーポレート・アクセスも上記セーフハーバーの対象となりうると解されているが、英国ではこれらはそもそも「リサーチ」に該当しない（ゆえに誘引報酬規制の例外に該当しえない）と整理されてきた。

近年、MiFID II を踏まえて米国の規制体系に批判的な学説も有力。
- Mahoney (2020)：本来、アンバンドリングは、透明性の確保および利益相反の防止の観点から望ましいアレンジメントである。それにもかかわらず、現行法上、投資顧問法の規制により、ブローカー・ディーラーは、自発的にアンバンドリングを行うことを躊躇せざるを得ない状況にある。このような規制体系は望ましくない。
- Jackson & Zhang (2023)：現行法上、取引執行とリサーチのコストの内訳を顧客に開示することが義務づけられているわけではなく[42]、実際、資産運用業者の多くが、取引執行とリサーチのコストの内訳を顧客に開示しておらず、透明性が乏しいと指摘[43]。

---

[40] https://www.sec.gov/newsroom/speeches-statements/birdthistle-remarks-pli-investment-management-2022-072622
[41] https://www.sec.gov/newsroom/speeches-statements/uyeda-statement-staff-no-action-letter-07-05-2023
[42] Jackson & Zhang (2023) pp. 123-124.
[43] これらの内訳が少なくとも内部的には明らかとなるはずの CCA を利用する場合であっても、である。Jackson & Zhang (2023) p. 125.

III．英国

1．総説

米国と同様、固定売買コミッション時代の名残でソフトダラーの実務慣行が存在。しかし、規制当局（FSA・FCA）は規制強化に積極的。その歴史を概観する。

2．MiFID II 以前の状況

MiFID II によるリサーチ・アンバンドリング（2018 年 1 月施行）以前は、英国の投資運用業者は、2006 年の FCA 規則改正[44]による制度の枠組みのもとでリサーチの提供を受けていた。以下、2006 年改正の前後における議論を概観する。

2006 年改正前の実務：
- 投資運用業者は、ブローカーに取引執行を委託する際の売買コミッションを対価として、当該ブローカーまたは第三者から様々な財・サービス（投資リサーチ、セミナー、市場データ供給など）の提供を受けていた[45]。
- このような実務慣行には、次のような問題があると指摘されていた：
  ① 顧客が負担することとなるコストの透明性やアカウンタビリティが確保されておらず、サービスの過剰消費がもたらされるおそれがある[46]。また、コストが不透明になることで、顧客が総コストを踏まえて投資運用業者を選択することが難しくなっている[47]。
  ② 投資運用業者が、顧客の最善の利益よりも、自らが受ける財・サービスの最大化を追求して、過剰な取引執行をブローカーに委託したり、委託先ブローカーを選択したりするおそれがある[48]。

---

[44] FSA (2005). 日本における紹介として、神山哲也「英米で進むソフトダラー規制」資本市場クォータリー2005 年春号、同「英国のリテール向け投資商品に対するソフトダラー規制」資本市場クォータリー2005 年秋号も参照。

[45] 当時の実務慣行は、①フルサービス・ブローキング（full-service broking / bundled brokerage arrangement）と、②ソフト・コミッション・アレンジメント（soft commission arrangement）とに大別されていた。①では、当該ブローカーがインハウスで（すなわち、当該ブローカー自身またはその関連会社が）サービスを提供し、その対価が明らかにされないことが一般的であるのに対し、②では、第三者がサービスを提供し、その対価が明らかにされることが一般的である、という違いがあったようである。See FSA (2003); Oxera (2003). なお、ソフト・コミッションについては、当時、誘引報酬（inducement）規制からのセーフハーバーが設けられていた（2006 年 1 月改正前の COB 2.2.8R-2.2.20R 参照）。

[46] FSA (2003) para 3.16.

[47] FSA (2003) para 3.25.

[48] FSA (2003) para 3.19, 3.21.

当初の改正提案：取引執行とそれ以外のサービスのアンバンドリングを志向
- 2001年のいわゆるMyners Report[49]では、機関投資家の運用契約においては、運用会社が利用する外部のリサーチ、情報または取引サービスの対価を、顧客に間接的に負担させるのではなく、運用報酬に含めることが好ましい実務慣行（good practice）である、との提言がなされていた[50]。
- FSAは、2003年の時点では、資産運用業者が、顧客負担の売買コミッションを対価として取引の執行以外のサービス（リサーチなど）の提供を受けるときは、当該サービスのコストを算定の上、それと同等の金額を顧客の資金に払い戻さなければならない、という規制（いわゆる「リベート方式（rebate method）」）を提案していた[51]。

これらの提言は、取引執行以外のサービス（リサーチなど）のコストを、顧客資産の負担による売買コミッションからアンバンドリングし、かかるサービスを享受する資産運用業者自身が負担すべきだとするものであり、後述のMiFID IIにおけるP&Lモデルに相当する考え方であったといえる。

しかし、その後の市中協議を踏まえた妥協の産物（compromise）[52]として、以下のような、プリンシプル・ベースの規制と開示規制とを組み合わせた、穏和な改正となった。

---

[49] Institutional Investment in the United Kingdom: A Review (March 2001) ("Myners Report"). 英国財務大臣（Chancellor of the Exchequer）により任命されたPaul Myners氏（当時Gartmore Investment Managementの会長）による英国の機関投資家に関する報告書。日本における解説として、落合大輔「英国機関投資家運用の問題点——マイナーズ報告書の要点」資本市場クォータリー2003年夏号参照。
[50] Myners Report, supra note 49, p. 96.
[51] FSA (2003), para 4.13-4.20.
[52] See Martin Wheatley, Shaping the Future in Asset Management (Oct. 2013), https://www.fca.org.uk/news/speeches/shaping-future-asset-management.

2006 年改正（2006 年 1 月 1 日施行）の概要[53]：
(1) 投資運用業者は、顧客の負担においてブローカーまたはその他の者から、顧客の注文の執行以外の財・サービスの提供を受けてはならない。ただし、当該投資運用業者が、かかる顧客の負担を対価として受け取る財・サービスが以下の要件を満たすと考える合理的な根拠（reasonable grounds）を有する場合は、この限りでない（当時の COB 7.18.3R[54]）。

- ⓐ 当該財・サービスが、①投資運用業者の顧客のための取引執行に関連するものであるか、または②リサーチの提供であること、および、
- ⓑ 執行される注文に係る顧客に対する当該投資運用業者のサービスの提供を合理的に補助する（reasonably assist）ものであり[55]、かつ、顧客の最善の利益のために行動する投資運用業者の義務の履行を損なうものではないこと。

(2) リサーチに関しては、以下の場合に上記 COB 7.18.3R の要件を満たすと判断する「合理的な根拠」を有するものと認められる（当時の COB 7.18.5E[56]）。すなわち：
当該リサーチが、ⓐ新たな洞察を提供することで、投資判断・取引判断に付加価値をもたらしうること、ⓑ新規または既存の事実を批判的かつ注意深く考慮・評価した上でのオリジナルの見解を表明するものであること、ⓒ単に一般的ないし自明のことを述べるにとどまらない、知的な厳密さ（intellectual rigour）を備えていること、および、ⓓ意味のある結論を導くためのデータの分析・操作を伴っていること。

(3) 投資運用業者は、上記 COB 7.18.3R により取引執行に関連して財・サービスを取得するアレンジメントをするときには、事前および定期的に、顧客に対して適切な開示をしなければならない。適切な開示には、取引執行に関連する財・サービスの詳細と、リサーチの提供に起因する財・サービスの詳細を含めなければならない（当時の COB 7.8.12R[57]）[58]。

---

[53] 以下の規制を定める COB 7.18（2007 年 11 月 1 日以降は COBS 11.6）の表題は、「売買コミッションの使途（Use of dealing commission）」である。なお、その後、2014 年 FCA 規則改正により文言と内容に若干の変更が生じたが、本報告ではその詳細は省略する。
[54] 2007 年 11 月 1 日以降は、COBS 11.6.3R 参照。
[55] この要件により、投資運用業者がまったく利用しない財・サービスの提供を受けたとしても、そのコストを顧客に負担させることは許されないこととなる。See FCA (2013), para 2.8.
[56] 2007 年 11 月 1 日以降は、COBS 11.6.5E 参照。
[57] 2007 年 11 月 1 日以降は、COBS 11.6.12R-11.6.18E 参照。
[58] 開示の方法は、業界主導のベストプラクティス――具体的には、Investment Management Association（IMA）（当時。現在の Investment Association）が策定する Disclosure Code――に依拠することが想定されていた。FSA (2005), para 3.4-3.13, 3.35-3.38.

2006年改正のポイント：
- 投資運用業者が顧客負担の売買コミッションを対価として自ら受けることのできる財・サービスを、①取引執行に関連するサービスと②リサーチの提供に限定[59]。そして、②のリサーチについては、実質的なリサーチの提供と呼ぶに値する内実を有するものであることが求められている（上記(2)ⓐ～ⓓ参照）[60]。
- 売買コミッションによるリサーチの取得に内在する利益相反の問題に対しては、プリンシプル・ベースの規制（投資運用業者に「合理的な根拠」ある判断を促すもの）と、開示規制（売買コミッションの使途の開示の拡充）の組合せにより対応[61]。
- 2006年改正は、売買コミッションを対価とするリサーチの取得について、「**コミッション・シェアリング・アレンジメント（commission sharing arrangement: CSA）**」の利用を促すものと考えられていた。

コミッション・シェアリング・アレンジメント（CSA）：
投資運用業者と取引執行ブローカーとの合意に基づき、売買コミッションのうち取引執行以外のサービス（主としてリサーチ）に充てる金額をプールしておき、後日、投資運用業者の指示により、当該ブローカーまたはそれ以外の第三者が提供するリサーチの対価に充てる仕組み（米国のCCAに概ね対応）[62]。
→ 取引執行とリサーチの対価が明確になる点で透明性が高く、複数のリサーチ提供者から選択できる点でリサーチ市場の競争を促進しうる利点がある。

2006年改正後の実務[63]
- コミッション・シェアリング・アレンジメント（CSA）の利用が増加したものの、取引執行とリサーチのコスト内訳が不透明なフルサービス・ブローキング（bundled brokerage）を利用するケースも少なくない状況[64]。

FCAの立場：リサーチを売買コミッションから切り離すことが、依然存在する投資運用業者の利益相反の問題に対処する最も効果的な選択肢であると主張[65]。

---

[59] 換言すれば、売買コミッションを対価として「取引執行」と「リサーチ」に該当しない財・サービスを受けることは、一般的に禁止された。
[60] すなわち、単なる市場データの提供や、セミナー参加費の提供などは、売買コミッションを対価として受けることのできる「リサーチ」に該当しないものと解される。COB 7.18.7G-7.18.8G（2007年11月1日以降はCOBS 11.6.7G-11.6.8G）参照。
[61] 取引執行とリサーチのアンバンドリングを強制するアプローチは採用せず。
[62] Oxera (2009) pp. 8-9; IMA (2014) pp. 7-9; FCA (2014), para 3.8-3.13.
[63] 本文記載とは別の観点からのFCA規則改正（2014年6月施行）により、COBS 11.6の文言や内容に若干の変更が生じた。細かい議論になるので本報告では省略するが、米国との比較では、顧客負担の売買コミッションをコーポレート・アクセスの対価とすることはできないことが明確化されたことが特筆に値する。
[64] Oxera (2009) pp. 8-9.
[65] FCA (2014), para 1.11.

3．MiFID II の概要

欧州の MiFID II（2018 年 1 月 3 日施行）：誘引報酬の禁止
- ポートフォリオ管理を提供する投資会社は、僅少な非金銭的便益（minor non-monetary benefit: MNMB）を除き、誘引報酬（inducement）を受領し、保持してはならない[66]。

MiFID II 委任指令（2017/593）13 条：
ポートフォリオ管理を提供する投資会社が第三者から受けるリサーチの提供は、次の場合には、誘引報酬に該当するものとはみなされない[67]：
ⓐ 当該投資会社が自らの負担で支払う場合（**P&L 方式**）、または
ⓑ 当該投資会社が管理する独立のリサーチ支払口座（RPA: research payment account）から支払う場合（**RPA 方式**）で、当該口座の運営について以下の条件を満たすとき：
　① RPA の資金は、顧客に対するリサーチ費用の請求により調達されること、
　② 当該投資会社がリサーチの予算（budget）を定め、定期的に評価すること、
　③ 当該投資会社が RPA について責任を負うこと、
　④ 当該投資会社が購入したリサーチのクオリティを定期的に評価すること

他方、ブローカー側の規制として、執行サービスを提供する投資会社は、取引執行コストとそれ以外のサービスのそれぞれの料金を別建てで明らかにしなければならず、また、取引執行以外のサービスの供給および料金を、取引執行サービスに対する支払金額と連動させたり条件づけたりしてはならない[68]、とされる。

これは、従来のフルサービス・ブローキング（bundled brokerage）のみならず、CSA をも禁止するものである。その趣旨について、ESMA は次のように説明する。

「ESMA は、コミッション・シェアリング・アレンジメント（CSA）は、ブローカーとポートフォリオ管理者の間におけるリサーチに関する利益相反に対処する要素を有すると考える。しかしながら、かかるアレンジメントが現に運営されている状況は、問題となる利益相反に完全に対処するものではないことが多い。現在の業界による CSA の利用は、投資会社によってリサーチのためにチャージされた金額が、取引執行ブローカーとの取引の数量によって決せられるものとなっている（もっとも、投資会社の中には、CSA に積み立てる総額を統制するための予算を定めるものも存在する）。また、CSA は、リサーチ・コストの顧客ポートフォリオへの公正な配分を保障するものではない。」[69]

---

[66] Art 24(8) of MiFID II.
[67] Art 13(1) of Delegated Directive 2017/593.
[68] Art 13(9) of Delegated Directive 2017/593.
[69] ESMA (2014) p. 133.

MiFID II の改正のポイント：
資産運用業者は、もはや売買コミッションを対価としてリサーチの提供を受けることはできない。顧客の負担でリサーチの提供を受けるためには、一定の要件を満たした上で、特別な口座（RPA）を通じて支払をしなければならない。

リサーチ・アンバンドリングにより期待される効果：
① 資産運用業者自身がリサーチのコストを負担する場合（P&L）は、資産運用業者自身がリサーチのクオリティと価格を厳しくチェックすることが期待できる。
② 顧客にリサーチのコストを負担させる場合も、一定の要件を満たした上で RPA により行わなければならないので、リサーチの支払の顧客に対する透明性が確保される。
③ 取引執行とリサーチとが切り離されるので、リサーチの提供を受けるために取引執行を注文する、あるいは大量の取引執行をしてクレジットが溜まったから不要不急のリサーチの提供を受ける、などといった行動が抑制される。

上記のリサーチ・アンバンドリングは、業界から強い抵抗を受けながらも実現された[70]。
→ 英国でも MiFID II を国内法化（COBS 2.3A, 2.3B, 2.3C）。

4．MiFID II 以降の状況

MiFID II の施行後の状況[71]：
- 多くの資産運用業者は、リサーチ・コストを自ら負担する P&L 方式を選択した[72]。
- 資産運用業者のリサーチに対する支出は減少した（とはいえ、必要なリサーチが入手できない状況にあるとは認められない）。
- 資産運用業者が取引執行のみのサービスを委託する先の企業数は増加した。
- 中小企業（SMEs）を含めて、リサーチ・カバレッジは減少していない。

---

[70] ESMA によれば、市中協議に対して、大多数の回答者が、リサーチを禁止される誘引報酬に含める ESMA の提案に反対だったという。ESMA (2014) p. 130.
[71] FCA, Implementing MiFID II – Multi-firm Review of Research Unbundling Reforms (Sep. 2019), https://www.fca.org.uk/publications/multi-firm-reviews/implementing-mifid-ii-multi-firm-review-research-unbundling-reforms. See also Moloney (2023) p. 208.
[72] Jackson & Zhang (2023) p. 145 は、これを「ハードダラーへの跳躍（jump to hard dollars）」と呼んでいる。

※　MiFID II によるリサーチ・アンバンドリングの影響を実証分析した学術論文も、次の点で概ね一致した結論を得ている[73]。
① リサーチのカバレッジは総じて減少した。ただし、中小企業よりもむしろ大企業における減少が顕著である。これは、重複的ないし低品質なリサーチが市場から退出したことを示唆する。
② リサーチのクオリティ（予測精度など）は向上した。これは、質の低いアナリストが市場から退出したことや、市場に残ったアナリストが一層努力するようになったことを示唆する。

とはいえ、MiFID II の施行後、アンバンドリング規制を緩和する方向での改正が続く。

(1) 2022 年 3 月改正[74]

時価総額が 2 億ポンド以下の中小企業（SMEs）に関するリサーチおよびコーポレート・アクセスを「僅少な非金銭的便益」（MNMB）のリストに追加し[75]、誘引報酬規制の対象外とする改正。

→ 改正の理由：MiFID II の施行によって SME のリサーチ・カバレッジが減少したとは認められないが、SME は元々カバレッジの水準が低い状態にあったこと、SME 株式は大企業に比べてビッド・アスク・スプレッドが高い（流動性が低い）こと、SME のリサーチの量と質が将来低下するおそれを懸念する声があることなど[76]。

→ もっとも、改正後もこの規制緩和を利用する例は非常に少なかった[77]。

(2) 2024 年 8 月改正

アンバンドリング規制を大幅に緩和（いわゆる「リバンドリング（re-bundling）」）。

規制緩和の理由[78]：
① 現行法上、RPA 方式と P&L 方式の二択だが、RPA 方式は複雑で運営に手間がかかるので、大手の資産運用業者はあまり利用していない。RPA 方式を利用しているのは、むしろ P&L 方式でリサーチ費用を負担する余力のない小規模の資産運用業者。現行規制は、小規模な新規事業者が資産運用業に参入する際の障壁となっており、競争を阻害している。
② 現行法は、資産運用業者が複数の法域（たとえば米国）でリサーチを取得するのを妨げている（国際競争力への悪影響のおそれ）。

---

[73] Fang et al. (2020); Bender et al. (2021); Guo & Mota (2021); Fu et al. (2023); Lang et al. (2024); Bender et al. (2024). これらの詳しい分析は他日を期したい。
[74] 改正の趣旨と経緯について、FCA (2021a, 2021b) 参照。
[75] COBS 2.3A.19R(5)(g), (k).
[76] FCA (2021a) pp. 10-16.
[77] FCA (2024a) para 3.22. その一因として、一部の発行体のために新たなワークフローの構築が必要となるため使いにくいという事情が指摘されている。
[78] FCA (2024a).

そこで、一定の要件を満たすことを条件として、取引執行とリサーチの「ジョイント・ペイメント（joint payment）」を許容する旨の改正（MiFID II の P&L 方式と RPA 方式に並ぶ第 3 の方法という位置づけ）。

ジョイント・ペイメントの要件[79]：①ジョイント・ペイメントの利用に対する資産運用業者のアプローチについての正式な方針、②リサーチのコストを計算し、個別に特定する方法に関するリサーチ提供者との合意、③リサーチ提供者間での支払いの配分構造の策定、④リサーチの購入に用いる口座の管理に関する実務的な手続、⑤必要な第三者リサーチの量を定める予算（budget）、⑥リサーチのコストの顧客間での公正な分配、⑦購入したリサーチの価値、質、利用および投資判断への貢献に関する定期的な評価、⑧顧客への開示。

2024 年改正のポイント：
- 資産運用業者に新たな選択肢の解禁。ただし、一定の規制を遵守する必要あり。その理由として、ガードレールとなる規制がないと、重複的ないし低品質のリサーチに対する支出を規律できない、取引執行の配分の意思決定にリサーチ調達が不適切な影響をもたらしうる、支払構造が不透明になることが挙げられている[80]。
- 規制の内容として、リサーチのコストを個別に特定（separately identify）できるようにすること、および、複数のリサーチ提供者の間での支払の配分構造を構築することが義務づけられている。
    → これは、従来の実務（上記 2）における CSA の利用を義務づけるものであり、フル・バンドリング（full bundling）を認めない趣旨のものである。その理由として、FCA は、フル・バンドリングは、①リサーチの対価を不透明にし、②リサーチ提供者間での価格比較を困難にし、③リサーチと取引執行のそれぞれの市場における競争を阻害することを挙げている[81]。

5．小括

FCA は、ソフトダラー（ひいては利益相反をもたらす誘引報酬）に対して厳格。
その集大成が、MiFID II によるリサーチ・アンバンドリングの実現。
しかし、2018 年のアンバンドリングの施行後、2022 年と 2024 年に規制緩和。
- SME を中心とするリサーチの供給不足を解消したいという思惑
- 米国の規制体系との調和、国際競争力の確保

---

[79] COBS 2.3B.25R.
[80] FCA (2024b) p. 32.
[81] FCA (2024b) pp. 29-30.

IV．今後の検討課題

ソフトダラーを巡るトレードオフ
- 利益相反のおそれ／透明性／顧客の最善の利益
- リサーチの供給促進（株式市場の効率性に影響）

日本では、ソフトダラーの規制についての議論はあまり活発ではないように見える。
- 最良執行 TF 報告書[82]や資産運用 TF 報告書[83]ではソフトダラーへの言及なし。
- しかし、日本の資産運用業高度化に向けて、「欧米運用業界で大きな関心事となっているアンバンドリングの議論を抜きにして、運用コストの透明性向上を目指す資産運用業高度化の実現は難しいと言わざるを得ない」、「日本で求められている資産運用業高度化のもうひとつの課題として、リサーチ費用のアンバンドリングの議論を無視することはできない」[84]との指摘もある。
- 他方、日本のセルサイド・リサーチは、欧米と比べて量的に劣位である上、大型株に偏っているとの指摘もなされている[85]。

現行法はどうか？たとえば、以下の点の解釈は明確か？
- 投資運用業者は、運用資産の売買委託手数料を対価としてリサーチの提供を受けても信認義務（善管注意義務・忠実義務）違反にならないか？リサーチの価値を考慮して取引執行の委託先を選定することは、最良執行義務違反にならないか？
- 証券会社は、リサーチの提供に対して別途対価を受け取ると、投資助言業に該当することにならないか？英米の CSA/CCA のような仕組みを採用する場合はどうか？

実務の現状はどうか？
- そもそも、日本の実務においてソフトダラーはどの程度利用されているのか？
- もし利用されていないとすれば、
  - それはなぜか？
  - リサーチの対価はどのように支払われているか？

---

[82] 金融審議会「市場制度ワーキング・グループ」「最良執行のあり方等に関するタスクフォース」報告書（2021 年 6 月 2 日）。
[83] 金融審議会「市場制度ワーキング・グループ」「資産運用に関するタスクフォース」報告書（2023 年 12 月 12 日）。
[84] 菅野泰夫「リサーチ費用アンバンドリング緩和の動き：日本の資産運用業高度化に向けたもうひとつの課題」（2023 年 8 月 30 日付）（大和総研ウェブサイト（https://www.dir.co.jp/report/research/capital-mkt/asset/20230830_023966.html）。
[85] 明田雅昭「資産運用立国に想う～アナリストの増強を議論しよう」証券レビュー64 巻 8 号（2024 年）114～117 頁。

監督指針（投資運用業）VI－2－2－1（2）
「投資一任業者は、取引の執行に当たり、取引価格、その他執行コストを総合的に勘案して、最も顧客の利益に資する取引形態を選択することが求められている。金融技術の発達により取引形態の多様化が進んでいる現状にかんがみ、投資一任業者の取引の執行状況について、例えば、以下のような点に留意して検証することとする。」として、①平均単価による取引、②一括発注による取引、③運用財産相互間における取引についての留意事項が記載されているが、ソフトダラーに関する留意事項は見当たらない[86]。

信託検査マニュアル（金融検査マニュアル別編［信託業務編］）の『信託財産運用管理態勢』[87]では、「Ⅲ．利益相反行為等の防止」「1．利益相反行為の防止」「(6) 発注証券会社・取引金融機関の選定・管理」の⑤として、以下の留意事項が示されている。
・ 取引証券会社等に、手数料の見返りとして情報機器の情報料を負担させるなどのソフトダラーを利用する場合は、ソフトダラーに係る内部規程・業務細則が制定され、遵守されているか。
・ ソフトダラー利用実績は、必要に応じ受益者に開示できるようにしているか。

アセットオーナーによる自主的な対応（本レジュメ末尾の参考資料参照）：
・ 企業年金連合会（原則としてソフトダラーを禁止）
・ 年金積立金管理運用独立行政法人（GPIF）（ソフトダラーを禁止）

---

[86] 投資信託委託会社やファンド運用業についても同様（VI－2－3－1（2）、VI－2－5－1（2））。
[87] https://www.fsa.go.jp/manual/manualj/shintaku.html。

19

引用文献

Bender, Micha, Benjamin Clapham, Peter Gomber & Jascha-Alexander Koch, *To Bundle or No to Bundle? A Review of Soft Commissions and Research Unbundling*, 77 Financial Analysts Journal 69 (2021).

Bender, Micha, Tino Cestonaro, Benjamin Clapham & Peter Gomber (2024), *A long-term analysis of research unbundling: implications for research provision and market quality*, J. Bus. Econ. (2024).

Bengtzen, Martin (2017), *Private Investor Meetings in Public Firms: The Case for Increasing Transparency*, 22 Fordham J. Corp. & Fin. L. 33 (2017).

European Securities and Market Authority (2014), *Final Report: ESMA's Technical Advice to the Commission on MiFID II and MiFIR* (Dec. 2014).

Fang, Bingxu, Ole-Kristian Hope, Zhongwei Huang & Rucsandra Moldovan (2020), *The effects of MiFID II on sell-side analysts, buy-side analysts, and firms*, 25 Rev. Acct Stud. 855 (2020).

Financial Conduct Authority (2013), *Use of dealing commission*, CP 13/17 (Nov. 2013).

Financial Conduct Authority (2014), *Discussion on the Use of Dealing Commission Regime: Feedback on our Thematic Supervisory Review and Policy Debate on the Market for Research*, DP 14/3 (July 2014).

Financial Conduct Authority (2021a), *Changes to UK MiFID's Conduct and Organisational Requirements*, CP 21/9 (April 2021).

Financial Conduct Authority (2021b), *Changes to UK MiFID's Conduct and Organisational Requirements*, PS 21/20 (Nov. 2021).

Financial Conduct Authority (2024a), *Payment Optionality for Investment Research*, CP 24/7 (Apr. 2024).

Financial Conduct Authority (2024b), *Payment Optionality for Investment Research*, PS 24/9 (July 2024).

Financial Services Authority (2003), *Bundled Brokerage and Soft Commission Arrangements*, CP 176 (April 2003).

Financial Services Authority (2005), *Bundled Brokerage and Soft Commission Arrangements: Feedback on CP05/5 and Final Rules*, PS 05/9 (July 2005).

Financial Services Authority (2012), *Conflicts of Interest between Asset Managers and their Customers: Identifying and Mitigating the Risks* (Nov. 2012).

Fu. Anqi, Tim Jenkinson, David Newton & Ru Xie (2023), *Research unbundling and market liquidity: Evidence from MiFID II*, 30 Eur. Fin. Manag. 1759 (2023).

Guo, Yifeng & Lira Mota (2021), *Should information be sold separately? Evidence from MiFID II*, 142 J. Fin. Econ. 97 (2021).

Investment Management Association (2014), *The Use of Dealing Commission for the Purchase of Investment Research* (Feb. 2014).

Jackson, Howell E. (2008), *The Trilateral Dilemma in Financial Regulation*, in: OVERCOMING THE SAVING SLUMP: HOW TO INCREASE THE EFFECTIVENESS OF FINANCIAL EDUCATION AND SAVINGS PROGRAMS (Anna Maria Lusardi, ed., 2008).

Jackson, Howell E. & Jeffrey Y. Zhang (2022), *The Law and Economics of Soft Dollars: A Review of the Literature and Evidence from MiFID II*, 42 Rev. Banking & Fin. L. 301 (2022).

Jackson, Howell E. & Jeffrey Y. Zhang (2023), *'Nobody is Proud of Soft Dollars': the Impact of MiFID II on US Financial Markets*, 9, J. Fin. Reg. 101 (2023).

Lang, Mark, Jedson Pinto & Edward Sul (2024), *MiFID II unbundling and sell-side analyst research*, 77 J. Acct. & Econ. 101617 (2024).

Mahoney, Paul G. (2020), *Soft Dollars, Hard Choices: Reconciling U.S. and EU Policies on Sell-Side Research*, 75 Bus. Law. 2173 (2020).

Moloney, Niamh (2023), EU SECURITIES AND FINANCIAL MARKET REGULATION (4th ed.).

Oxera (2003), *An Assessment of Soft Commission Arrangements and Bundled Brokerage Services in the UK and Cost-Benefit Analysis of the FSA's Policy Propositions on Soft Commissions and Bundling* (Apr. 2003).

Oxera (2009), *The Impact of the New Regime for Use of Dealing Commission: Post-implementation Review – Prepared for the Financial Services Authority* (April 2009).

Securities and Exchange Commission (1986), *Securities: Brokerage and Research Services*, Release No. 34-23170 (April 30, 1986), 51 Fed. Reg. 16004.

Securities and Exchange Commission (2006), *Commission Guidance regarding Client Commission Practices under Section 28(e) of the Securities Exchange Act of 1934*, Release No. 34-54165 (July 24, 2006), 71 Fed. Reg. 41978.

Securities and Exchange Commission (2007), *Interpretive Rule Under the Advisers Act affecting Broker-Dealers*, Release No. IA-2652 (Sep 28, 2007), 72 Fed. Reg. 55126.

Securities and Exchange Commission (2019), *Commission Interpretation Regarding the Solely Incidental Prong of the Broker-Dealer Exclusion From the Definition of Investment Adviser*, Release No. IA-5249 (July 12, 2019), 84 Fed. Reg. 33681.

Securities and Exchange Commission (2022), *Staff Report on the Issues Affecting the Provision of and Reliance Upon Investment Research into Small Issuers* (Feb. 18, 2022).

参考資料

米国・証券取引所法 28 条(e)項

(e) Exchange, broker, and dealer commissions; brokerage and research services

(1) No person using the mails, or any means or instrumentality of interstate commerce, in the exercise of investment discretion with respect to an account shall be deemed to have acted unlawfully or to have breached a fiduciary duty under State or Federal law unless expressly provided to the contrary by a law enacted by the Congress or any State subsequent to June 4, 1975, solely by reason of his having caused the account to pay a member of an exchange, broker, or dealer an amount of commission for effecting a securities transaction in excess of the amount of commission another member of an exchange, broker, or dealer would have charged for effecting that transaction, if such person determined in good faith that such amount of commission was reasonable in relation to the value of the brokerage and research services provided by such member, broker, or dealer, viewed in terms of either that particular transaction or his overall responsibilities with respect to the accounts as to which he exercises investment discretion. This subsection is exclusive and plenary insofar as conduct is covered by the foregoing, unless otherwise expressly provided by contract: Provided, however, That nothing in this subsection shall be construed to impair or limit the power of the Commission under any other provision of this chapter or otherwise.

(2) A person exercising investment discretion with respect to an account shall make such disclosure of his policies and practices with respect to commissions that will be paid for effecting securities transactions, at such times and in such manner, as the appropriate regulatory agency, by rule, may prescribe as necessary or appropriate in the public interest or for the protection of investors.

(3) For purposes of this subsection a person provides brokerage and research services insofar as he—

    (A) furnishes advice, either directly or through publications or writings, as to the value of securities, the advisability of investing in, purchasing, or selling securities, and the availability of securities or purchasers or sellers of securities;

    (B) furnishes analyses and reports concerning issuers, industries, securities, economic factors and trends, portfolio strategy, and the performance of accounts; or

    (C) effects securities transactions and performs functions incidental thereto (such as clearance, settlement, and custody) or required in connection therewith by rules of the Commission or a self-regulatory organization of which such person is a member or person associated with a member or in which such person is a participant.

(4) The provisions of this subsection shall not apply with regard to securities that are security futures products.

米国・投資顧問法202条(a)項(11)号

(11) **"Investment adviser" means any person who, for compensation, engages in the business of advising others, either directly or through publications or writings, as to the value of securities or as to the advisability of investing in, purchasing, or selling securities, or who, for compensation and as part of a regular business, issues or promulgates analyses or reports concerning securities; but does not include** (A) a bank, or any bank holding company as defined in the Bank Holding Company Act of 1956 [12 U.S.C. 1841 et seq.] which is not an investment company, except that the term "investment adviser" includes any bank or bank holding company to the extent that such bank or bank holding company serves or acts as an investment adviser to a registered investment company, but if, in the case of a bank, such services or actions are performed through a separately identifiable department or division, the department or division, and not the bank itself, shall be deemed to be the investment adviser; (B) any lawyer, accountant, engineer, or teacher whose performance of such services is solely incidental to the practice of his profession; **(C) any broker or dealer whose performance of such services is solely incidental to the conduct of his business as a broker or dealer and who receives no special compensation therefor**; (D) the publisher of any bona fide newspaper, news magazine or business or financial publication of general and regular circulation; (E) any person whose advice, analyses or reports relate to no securities other than securities which are direct obligations of or obligations guaranteed as to principal or interest by the United States, or securities issued or guaranteed by corporations in which the United States has a direct or indirect interest which shall have been designated by the Secretary of the Treasury, pursuant to section 3(a)(12) of the Securities Exchange Act of 1934 [15 U.S.C. 78c(a)(12)], as exempted securities for the purposes of that Act [15 U.S.C. 78a et seq.]; (F) any nationally recognized statistical rating organization, as that term is defined in section 3(a)(62) of the Securities Exchange Act of 1934 [15 U.S.C. 78c(a)(62)], unless such organization engages in issuing recommendations as to purchasing, selling, or holding securities or in managing assets, consisting in whole or in part of securities, on behalf of others;; [1] (G) any family office, as defined by rule, regulation, or order of the Commission, in accordance with the purposes of this subchapter; or (H) such other persons not within the intent of this paragraph, as the Commission may designate by rules and regulations or order.

欧州・**MiFID II**[88] 24条8項

8. When providing portfolio management the investment firm shall not accept and retain fees, commissions or any monetary or non-monetary benefits paid or provided by any third party or a person acting on behalf of a third party in relation to the provision of the service to clients. Minor non-monetary benefits that are capable of enhancing the quality of service provided to a client and are of a scale and nature such that they could not be judged to impair compliance with the investment

---

[88] https://eur-lex.europa.eu/legal-content/EN/TXT/?uri=CELEX%3A02014L0065-20240328.

23

firm's duty to act in the best interest of the client shall be clearly disclosed and are excluded from this paragraph.

欧州・委任指令（2017/593）[89]13 条

1. Member States shall ensure that the provision of research by third parties to investment firms providing portfolio management or other investment or ancillary services to clients shall not be regarded as an inducement if it is received in return for either of the following:
(a) direct payments by the investment firm out of its own resources;
(b) payments from a separate research payment account controlled by the investment firm, provided the following conditions relating to the operation of the account are met:
   (i) the research payment account is funded by a specific research charge to the client;
   (ii) as part of establishing a research payment account and agreeing the research charge with their clients, investment firms set and regularly assess a research budget as an internal administrative measure;
   (iii) the investment firm is held responsible for the research payment account;
   (iv) the investment firm regularly assesses the quality of the research purchased based on robust quality criteria and its ability to contribute to better investment decisions.

With regard to point (b) of the first subparagraph, where an investment firm makes use of the research payment account, it shall provide the following information to clients:
(a) before the provision of an investment service to clients, information about the budgeted amount for research and the amount of the estimated research charge for each of them;
(b) annual information on the total costs that each of them has incurred for third party research.

2. Where an investment firm operates a research payment account, Member States shall ensure that the investment firm shall also be required, upon request by their clients or by competent authorities, to provide a summary of the providers paid from this account, the total amount they were paid over a defined period, the benefits and services received by the investment firm, and how the total amount spent from the account compares to the budget set by the firm for that period, noting any rebate or carry-over if residual funds remain in the account. For the purposes of point (b)(i) of paragraph 1, the specific research charge shall:
(a) only be based on a research budget set by the investment firm for the purpose of establishing the need for third party research in respect of investment services rendered to its clients; and
(b) not be linked to the volume and/or value of transactions executed on behalf of the clients.

3. Every operational arrangement for the collection of the client research charge, where it is not collected separately but alongside a transaction commission, shall indicate a separately identifiable research charge and shall fully comply with the conditions set out in point (b) of the first subparagraph of paragraph 1 and in the second subparagraph of paragraph 1.

---

[89] https://eur-lex.europa.eu/legal-content/EN/TXT/?uri=CELEX%3A02017L0593-20221122.

4. The total amount of research charges received may not exceed the research budget.

5. The investment firm shall agree with clients, in the firm's investment management agreement or general terms of business, the research charge as budgeted by the firm and the frequency with which the specific research charge will be deducted from the resources of the client over the year. Increases in the research budget shall only take place after the provision of clear information to clients about such intended increases. If there is a surplus in the research payment account at the end of a period, the firm should have a process to rebate those funds to the client or to offset it against the research budget and charge calculated for the following period.

6. For the purposes of point (b)(ii) of the first subparagraph of paragraph 1, the research budget shall be managed solely by the investment firm and shall be based on a reasonable assessment of the need for third party research. The allocation of the research budget to purchase third party research shall be subject to appropriate controls and senior management oversight to ensure it is managed and used in the best interests of the firm's clients. Those controls include a clear audit trail of payments made to research providers and how the amounts paid were determined with reference to the quality criteria referred to in paragraph 1 (b) (iv). Investment firms shall not use the research budget and research payment account to fund internal research.

7. For the purposes of point (b)(iii) of paragraph 1, the investment firm may delegate the administration of the research payment account to a third party, provided that the arrangement facilitates the purchase of third party research and payments to research providers in the name of the investment firm without any undue delay in accordance with the investment firm's instruction.

8. For the purposes of point (b) (iv) of paragraph 1, investment firms shall establish all necessary elements in a written policy and provide it to their clients. It shall also address the extent to which research purchased through the research payment account may benefit clients' portfolios, including, where relevant, by taking into account investment strategies applicable to various types of portfolios, and the approach the firm will take to allocate such costs fairly to the various clients' portfolios.

9. An investment firm providing execution services shall identify separate charges for these services that only reflect the cost of executing the transaction. The provision of each other benefit or service by the same investment firm to investment firms, established in the Union shall be subject to a separately identifiable charge; the supply of and charges for those benefits or services shall not be influenced or conditioned by levels of payment for execution services.

英国・**Conduct of Business Sourcebook (COBS)**〔抄〕[90]

COBS 2.3A.15R

(1) This rule applies where a firm provides a retail client in the United Kingdom with:

(a) independent advice; or

(b) restricted advice; or

(c) portfolio management services.

(2) The firm must not accept any fees, commission, monetary or non-monetary benefits which are paid or provided by:

(a) any third party; or

(b) a person acting on behalf of a third party,

in relation to the provision of the relevant service to the client.

(2A) Where the firm provides independent advice or restricted advice, the rule in (2) applies in connection with:

(a) the firm's business of advising; or

(b) any other related service, where 'related service' has the same meaning as in COBS 6.1A.6R.

(3) Paragraph (2) does not apply to:

(a) acceptable minor non-monetary benefits (see COBS 2.3A.19R in relation to the provision of investment services and COBS 6.1A.5AR in relation to the distribution of an insurance-based investment product); or

(b) third party research received in accordance with COBS 2.3B (see COBS 2.3B.3R).

COBS 2.3B.2G

(1) A firm providing independent advice, restricted advice or portfolio management services to retail clients in the United Kingdom, or which provides independent advice or portfolio management services to retail clients outside the United Kingdom or to professional clients is prohibited from receiving inducements (other than acceptable minor non-monetary benefits) in relation to those services under COBS 2.3A.15R and COBS 2.3A.16R. Compliance with COBS 2.3B allows such a firm to receive third party research without breaching that prohibition.

(2) In addition, COBS 2.3B enables investment firms other than those in (1) to receive research without subjecting it to an assessment under the inducements rule in COBS 2.3A, as research acquired in accordance with this section will not constitute an inducement.

COBS 2.3B.3R

Third party research that is received by a firm providing investment services or ancillary services to clients will not be an inducement under COBS 2.3A.5R, COBS 2.3A.15R or COBS 2.3A.16R if it is received in return for one of the following:

---

[90] https://www.handbook.fca.org.uk/handbook/COBS/

(1) direct payments by the firm out of its own resources;

(2) payments from a separate research payment account controlled by the firm, provided that the firm meets the requirements in COBS 2.3B.4R relating to the operation of the account; or

(3) joint payments for third-party research and execution services, provided that the firm meets the requirements in COBS 2.3B.25R to COBS 2.3B.33G relating to the operation of such joint payments.

COBS 2.3B.3R

The requirements referred to in COBS 2.3B.3R(2) for the operation of a research payment account are:

(1) the research payment account must only be funded by a specific research charge to clients, which must:

(a) only be based on a research budget set by the firm for the purpose of establishing the amount needed for third party research in respect of investment services rendered to its clients; and

(b) not be linked to the volume or value of transactions executed on behalf of clients;

(2)

(a) the firm must set and regularly assess a research budget as an internal administrative measure as part of establishing a research payment account and agreeing the research charge with its clients; and

(b) the research budget must comply with COBS 2.3B.7R, COBS 2.3B.8R(2) and COBS 2.3B.11R;

(3) the firm must be fully responsible for the research payment account; and

(4) the firm must regularly assess the quality of the research purchased, based on robust quality criteria, and its ability to contribute to better investment decisions for the clients who pay the research charge.

COBS 2.3C.2R

A firm providing execution services must:

(1) identify separate charges for its execution services that only reflect the cost of executing the transaction;

(2) subject each other benefit or service (other than an acceptable minor non-monetary benefit in COBS 2.3A.19R) which it provides to persons listed in COBS 2.3C.1R(1) to (6) to a separately identifiable charge; and

(3) ensure that the supply of, and charges for, other benefits or services under (2) is not influenced or conditioned by levels of payment for execution services.

COBS 2.3C.3R

A firm providing both execution and research services must price and supply them separately.

日本・企業年金連合会『年金資産運用に関する実務ガイドライン』[91]
Ⅰ．4．ソフト・ダラー取引について
　「ソフト・ダラー（ソフト・コミッション）とは、証券会社への有価証券の売買発注と引き換えに、当該証券会社又は第三者から提供される有価証券の売買以外のサービスをいう。ただし、調査レポート等、投資意思決定を行うために必要なリサーチサービスであって、証券会社又は第三者により提供され、当該サービスについて商品化（別途料金を定めて不特定多数の者に販売されることをいう。以下同じ）されていないものについては、売買発注と分離して別途料金を支払って提供を受ける途が現実には存在していないことからソフト・ダラーとは定義しない。リサーチサービスの例として、文書による調査レポート、アナリスト等による情報提供・分析・相談、セミナー・勉強会、企業調査（訪問、職員との会談、IR活動を含む）、などがある。
　このようなソフト・ダラーを伴う取引（以下「ソフト・ダラー取引」という）については、執行コストの的確な管理やソフト・ダラー取引を用いる利害得失の把握が困難である上、運用受託機関における利益相反の恐れもあることから原則として行わないものとする。ただし、最良執行が確保されると認められる場合であって、かつ、対象となるサービス等の主たる用途が明確であり、当連合会ファンドの直接的な利益になることが認められる場合にはソフト・ダラー取引を行うことも認められるが、この場合には事前に当連合会の了承を得る必要があり、事後速やかに報告することを求める。了承した場合は、その内容を運用ガイドラインに明記のうえ提示する。
　また、ソフト・ダラーとは見なさないリサーチサービスの提供を受ける場合であっても、リサーチサービスに要する費用は潜在的に売買委託手数料に含まれていることから、運用受託機関は、売買委託手数料の額が、売買執行サービスとリサーチサービスを合わせた利用価値に見合ったものかどうか、最良執行の確保の観点から十分検討を行うこと。」

日本・年金積立金管理運用独立行政法人『業務方針』（令和4年5月26日改正）
第3　運用受託機関の管理に関する事項
2　運用ガイドライン\
（2）⑤（売買執行に関する事項）エ
　「有価証券の売買取引に当たっては、売買取引に付随する各種調査、情報提供等の便益に係る費用を売買委託手数料等に含めることを取り決める、いわゆるソフトダラーを伴う取引を行わないこと。」

---

[91] https://www.pfa.or.jp/activity/shisan/files/shisan05_03.pdf. 企業年金連合会にとっての基本原則を定めたものであるとの位置づけ。

28

金融商品取引法研究会名簿

（令和6年12月25日現在）

会　　　長	神作　裕之	学習院大学法学部教授	
委　　　員	飯田　秀総	東京大学大学院法学政治学研究科教授	
〃	大崎　貞和	野村総合研究所未来創発センター主席研究員	
〃	尾崎　悠一	東京都立大学大学院法学政治学研究科教授	
〃	加藤　貴仁	東京大学大学院法学政治学研究科教授	
〃	河村　賢治	立教大学法学部教授	
〃	小出　篤	早稲田大学法学部教授	
〃	後藤　元	東京大学大学院法学政治学研究科教授	
〃	齊藤　真紀	京都大学法学研究科教授	
〃	武井　一浩	西村あさひ法律事務所パートナー弁護士	
〃	中東　正文	名古屋大学大学院法学研究科教授	
〃	松井　智予	東京大学大学院法学政治学研究科教授	
〃	松井　秀征	立教大学法学部教授	
〃	松尾　健一	大阪大学大学院高等司法研究科教授	
〃	松元　暢子	慶應義塾大学法学部教授	
〃	萬澤　陽子	筑波大学ビジネスサイエンス系准教授	
〃	宮下　央	ＴＭＩ総合法律事務所弁護士	
〃	行岡　睦彦	神戸大学大学院法学研究科教授	
オブザーバー	三井　秀範	預金保険機構理事長	
〃	齊藤　将彦	金融庁企画市場局市場課長	
〃	坂本　岳士	野村證券法務部長	
〃	大門　健	大和証券グループ本社経営企画部法務課長	
〃	本多　郁子	ＳＭＢＣ日興証券法務部長	
〃	安藤　崇明	みずほ証券法務部長	
〃	窪　久子	三菱ＵＦＪモルガン・スタンレー証券法務部長	
〃	松本　昌男	日本証券業協会常務執行役自主規制本部長	
〃	森本　健一	日本証券業協会政策本部共同本部長	
〃	坪倉　明生	日本証券業協会自主規制企画部長	
〃	塚﨑　由寛	日本取引所グループ総務部法務グループ課長	
研 究 所	森本　学	日本証券経済研究所理事長	
〃	髙木　隆	日本証券経済研究所常務理事	
〃（幹事）	高　逸薫	日本証券経済研究所研究員	
〃（幹事）	永田　裕貴	日本証券業協会規律本部規律審査部課長	

（敬称略）

［参考］　既に公表した「金融商品取引法研究会（証券取引法研究会）
　　　　研究記録」

　　　第1号「裁判外紛争処理制度の構築と問題点」　　　　　　　　2003年11月
　　　　　　　報告者　森田章同志社大学教授
　　　第2号「システム障害と損失補償問題」　　　　　　　　　　　2004年1月
　　　　　　　報告者　山下友信東京大学教授
　　　第3号「会社法の大改正と証券規制への影響」　　　　　　　　2004年3月
　　　　　　　報告者　前田雅弘京都大学教授
　　　第4号「証券化の進展に伴う諸問題（倒産隔離の明確化等）」　2004年6月
　　　　　　　報告者　浜田道代名古屋大学教授
　　　第5号「EUにおける資本市場法の統合の動向　　　　　　　　2005年7月
　　　　　　　　―投資商品、証券業務の範囲を中心として―」
　　　　　　　報告者　神作裕之東京大学教授
　　　第6号「近時の企業情報開示を巡る課題　　　　　　　　　　2005年7月
　　　　　　　　―実効性確保の観点を中心に―」
　　　　　　　報告者　山田剛志新潟大学助教授
　　　第7号「プロ・アマ投資者の区分―金融商品・　　　　　　　2005年9月
　　　　　　　販売方法等の変化に伴うリテール規制の再編―」
　　　　　　　報告者　青木浩子千葉大学助教授
　　　第8号「目論見書制度の改革」　　　　　　　　　　　　　　2005年11月
　　　　　　　報告者　黒沼悦郎早稲田大学教授
　　　第9号「投資サービス法(仮称)について」　　　　　　　　　2005年11月
　　　　　　　報告者　三井秀範金融庁総務企画局市場課長
　　　　　　　　　　　松尾直彦金融庁総務企画局
　　　　　　　　　　　　　　　投資サービス法(仮称)法令準備室長
　　　第10号「委任状勧誘に関する実務上の諸問題　　　　　　　　2005年11月
　　　　　　　　―委任状争奪戦（proxy fight）の文脈を中心に―」
　　　　　　　報告者　太田洋 西村ときわ法律事務所パートナー・弁護士
　　　第11号「集団投資スキームに関する規制について　　　　　　2005年12月
　　　　　　　　―組合型ファンドを中心に―」
　　　　　　　報告者　中村聡 森・濱田松本法律事務所パートナー・弁護士
　　　第12号「証券仲介業」　　　　　　　　　　　　　　　　　　2006年3月
　　　　　　　報告者　川口恭弘同志社大学教授

第13号「敵対的買収に関する法規制」　　　　　　　　　　2006年5月
　　　報告者　中東正文名古屋大学教授

第14号「証券アナリスト規制と強制情報開示・不公正取引規制」　2006年7月
　　　報告者　戸田暁京都大学助教授

第15号「新会社法のもとでの株式買取請求権制度」　　　　2006年9月
　　　報告者　藤田友敬東京大学教授

第16号「証券取引法改正に係る政令等について」　　　　　2006年12月
　　　（ＴＯＢ、大量保有報告関係、内部統制報告関係）
　　　報告者　池田唯一　金融庁総務企画局企業開示課長

第17号「間接保有証券に関するユニドロア条約策定作業の状況」　2007年5月
　　　報告者　神田秀樹　東京大学大学院法学政治学研究科教授

第18号「金融商品取引法の政令・内閣府令について」　　　2007年6月
　　　報告者　三井秀範　金融庁総務企画局市場課長

第19号「特定投資家・一般投資家について—自主規制業務を中心に—」　2007年9月
　　　報告者　青木浩子　千葉大学大学院専門法務研究科教授

第20号「金融商品取引所について」　　　　　　　　　　　2007年10月
　　　報告者　前田雅弘　京都大学大学院法学研究科教授

第21号「不公正取引について—村上ファンド事件を中心に—」　2008年1月
　　　報告者　太田 洋 西村あさひ法律事務所パートナー・弁護士

第22号「大量保有報告制度」　　　　　　　　　　　　　　2008年3月
　　　報告者　神作裕之　東京大学大学院法学政治学研究科教授

第23号「開示制度（Ⅰ）—企業再編成に係る開示制度および　　2008年4月
　　　集団投資スキーム持分等の開示制度—」
　　　報告者　川口恭弘 同志社大学大学院法学研究科教授

第24号「開示制度（Ⅱ）—確認書、内部統制報告書、四半期報告書—」　2008年7月
　　　報告者　戸田　暁　京都大学大学院法学研究科准教授

第25号「有価証券の範囲」　　　　　　　　　　　　　　　2008年7月
　　　報告者　藤田友敬　東京大学大学院法学政治学研究科教授

第26号「民事責任規定・エンフォースメント」　　　　　　2008年10月
　　　報告者　近藤光男　神戸大学大学院法学研究科教授

第27号「金融機関による説明義務・適合性の原則と金融商品販売法」2009年1月
　　　報告者　山田剛志　新潟大学大学院実務法学研究科准教授

第28号「集団投資スキーム（ファンド）規制」　　　　　　2009年3月
　　　報告者　中村聡 森・濱田松本法律事務所パートナー・弁護士

第 29 号「金融商品取引業の業規制」　　　　　　　　　　2009 年 4 月
　　　　　報告者　黒沼悦郎　早稲田大学大学院法務研究科教授

第 30 号「公開買付け制度」　　　　　　　　　　　　　　2009 年 7 月
　　　　　報告者　中東正文　名古屋大学大学院法学研究科教授

第 31 号「最近の金融商品取引法の改正について」　　　　2011 年 3 月
　　　　　報告者　藤本拓資　金融庁総務企画局市場課長

第 32 号「金融商品取引業における利益相反　　　　　　　2011 年 6 月
　　　　―利益相反管理体制の整備業務を中心として―」
　　　　　報告者　神作裕之　東京大学大学院法学政治学研究科教授

第 33 号「顧客との個別の取引条件における特別の利益提供に関する問題」2011 年 9 月
　　　　　報告者　青木浩子　千葉大学大学院専門法務研究科教授
　　　　　　　　　松本譲治　ＳＭＢＣ日興証券　法務部長

第 34 号「ライツ・オファリングの円滑な利用に向けた制度整備と課題」2011年11月
　　　　　報告者　前田雅弘　京都大学大学院法学研究科教授

第 35 号「公開買付規制を巡る近時の諸問題」　　　　　　2012 年 2 月
　　　　　報告者　太田 洋　西村あさひ法律事務所弁護士・NY州弁護士

第 36 号「格付会社への規制」　　　　　　　　　　　　　2012 年 6 月
　　　　　報告者　山田剛志　成城大学法学部教授

第 37 号「金商法第 6 章の不公正取引規制の体系」　　　　2012 年 7 月
　　　　　報告者　松尾直彦　東京大学大学院法学政治学研究科客員
　　　　　　　　　教授・西村あさひ法律事務所弁護士

第 38 号「キャッシュ・アウト法制」　　　　　　　　　　2012年10月
　　　　　報告者　中東正文　名古屋大学大学院法学研究科教授

第 39 号「デリバティブに関する規制」　　　　　　　　　2012年11月
　　　　　報告者　神田秀樹　東京大学大学院法学政治学研究科教授

第 40 号「米国 JOBS 法による証券規制の変革」　　　　　2013 年 1 月
　　　　　報告者　中村聡　森・濱田松本法律事務所パートナー・弁護士

第 41 号「金融商品取引法の役員の責任と会社法の役員の責任　2013 年 3 月
　　　　―虚偽記載をめぐる役員の責任を中心に―」
　　　　　報告者　近藤光男　神戸大学大学院法学研究科教授

第 42 号「ドッド＝フランク法における信用リスクの保持ルールについて」2013 年 4 月
　　　　　報告者　黒沼悦郎　早稲田大学大学院法務研究科教授

第 43 号「相場操縦の規制」　　　　　　　　　　　　　　2013 年 8 月
　　　　　報告者　藤田友敬　東京大学大学院法学政治学研究科教授

第44号「法人関係情報」 2013年10月
　　　　　報告者　川口恭弘　同志社大学大学院法学研究科教授
　　　　　　　　　平田公一　日本証券業協会常務執行役

第45号「最近の金融商品取引法の改正について」 2014年6月
　　　　　報告者　藤本拓資　金融庁総務企画局企画課長

第46号「リテール顧客向けデリバティブ関連商品販売における民事責任　2014年9月
　　　　　―「新規な説明義務」を中心として―」
　　　　　報告者　青木浩子　千葉大学大学院専門法務研究科教授

第47号「投資者保護基金制度」 2014年10月
　　　　　報告者　神田秀樹　東京大学大学院法学政治学研究科教授

第48号「市場に対する詐欺に関する米国判例の動向について」 2015年1月
　　　　　報告者　黒沼悦郎　早稲田大学大学院法務研究科教授

第49号「継続開示義務者の範囲―アメリカ法を中心に―」 2015年3月
　　　　　報告者　飯田秀総　神戸大学大学院法学研究科准教授

第50号「証券会社の破綻と投資者保護基金 2015年5月
　　　　　―金融商品取引法と預金保険法の交錯―」
　　　　　報告者　山田剛志　成城大学大学院法学研究科教授

第51号「インサイダー取引規制と自己株式」 2015年7月
　　　　　報告者　前田雅弘　京都大学大学院法学研究科教授

第52号「金商法において利用されない制度と利用される制度の制限」 2015年8月
　　　　　報告者　松尾直彦　東京大学大学院法学政治学研究科
　　　　　　　　　　　　　　客員教授・弁護士

第53号「証券訴訟を巡る近時の諸問題 2015年10月
　　　　　―流通市場において不実開示を行った提出会社の責任を中心に―」
　　　　　報告者　太田　洋　西村あさひ法律事務所パートナー・弁護士

第54号「適合性の原則」 2016年3月
　　　　　報告者　川口恭弘　同志社大学大学院法学研究科教授

第55号「金商法の観点から見たコーポレートガバナンス・コード」 2016年5月
　　　　　報告者　神作裕之　東京大学大学院法学政治学研究科教授

第56号「EUにおける投資型クラウドファンディング規制」 2016年7月
　　　　　報告者　松尾健一　大阪大学大学院法学研究科准教授

第57号「上場会社による種類株式の利用」 2016年9月
　　　　　報告者　加藤貴仁　東京大学大学院法学政治学研究科准教授

第58号「公開買付前置型キャッシュアウトにおける　　　　　2016年11月
　　　　価格決定請求と公正な対価」
　　　　　　報告者　藤田友敬　東京大学大学院法学政治学研究科教授

第59号「平成26年会社法改正後のキャッシュ・アウト法制」2017年1月
　　　　　　報告者　中東正文　名古屋大学大学院法学研究科教授

第60号「流通市場の投資家による発行会社に対する証券訴訟の実態」2017年3月
　　　　　　報告者　後藤　元　東京大学大学院法学政治学研究科准教授

第61号「米国における投資助言業者（investment adviser）　2017年5月
　　　　の負う信認義務」
　　　　　　報告者　萬澤陽子　専修大学法学部准教授・当研究所客員研究員

第62号「最近の金融商品取引法の改正について」　　　　　2018年2月
　　　　　　報告者　小森卓郎　金融庁総務企画局市場課長

第63号「監査報告書の見直し」　　　　　　　　　　　　　2018年3月
　　　　　　報告者　弥永真生　筑波大学ビジネスサイエンス系
　　　　　　　　　　　　　　　ビジネス科学研究科教授

第64号「フェア・ディスクロージャー・ルールについて」　2018年6月
　　　　　　報告者　大崎貞和　野村総合研究所未来創発センターフェロー

第65号「外国為替証拠金取引のレバレッジ規制」　　　　　2018年8月
　　　　　　報告者　飯田秀総　東京大学大学院法学政治学研究科准教授

第66号「一般的不公正取引規制に関する一考察」　　　　　2018年12月
　　　　　　報告者　松井秀征　立教大学法学部教授

第67号「仮想通貨・ＩＣＯに関する法規制・自主規制」　　2019年3月
　　　　　　報告者　河村賢治　立教大学大学院法務研究科教授

第68号「投資信託・投資法人関連法制に関する問題意識について」2019年5月
　　　　　　報告者　松尾直彦　東京大学大学院法学政治学研究科
　　　　　　　　　　　　　　　客員教授・弁護士

第69号「「政策保有株式」に関する開示規制の再構築について」2019年7月
　　　　　　報告者　加藤貴仁　東京大学大学院法学政治学研究科教授

第70号「複数議決権株式を用いた株主構造のコントロール」2019年11月
　　　　　　報告者　松井智予　上智大学大学院法学研究科教授

第71号「会社法・証券法における分散台帳の利用　　　　　2020年2月
　　　　―デラウェア州会社法改正などを参考として」
　　　　　　報告者　小出　篤　学習院大学法学部教授

第72号「スチュワードシップコードの目的とその多様性」　2020年5月
　　　　　　報告者　後藤　元　東京大学大学院法学政治学研究科教授

第73号「インデックスファンドとコーポレートガバナンス」 2020年7月
　　　　報告者　松尾健一　大阪大学大学院高等司法研究科教授

第74号「株対価M&A/株式交付制度について」 2020年8月
　　　　報告者　武井一浩　西村あさひ法律事務所パートナー弁護士

第75号「取締役の報酬に関する会社法の見直し」 2021年2月
　　　　報告者　尾崎悠一　東京都立大学大学院法学政治学研究科教授

第76号「投資助言業に係る規制 ―ドイツ法との比較を中心として―」 2021年6月
　　　　報告者　神作裕之　東京大学大学院法学政治学研究科教授

第77号「インサイダー取引規制について」 2021年8月
　　　　報告者　宮下　央　ＴＭＩ総合法律事務所弁護士

第78号「敵対的買収防衛策の新局面」 2021年10月
　　　　報告者　中東正文　名古屋大学大学院法学研究科教授

第79号「事前警告型買収防衛策の許容性 2021年12月
　　　　―近時の裁判例の提起する問題―」
　　　　報告者　藤田友敬　東京大学大学院法学政治学研究科教授

第80号「金商法の改正案を含む最近の市場行政の動きについて」 2023年11月
　　　　報告者　齊藤将彦　金融庁企画市場局市場課長

第81号「TOB・大量保有報告制度の見直しについて」 2023年11月
　　　　報告者　大崎貞和　野村総合研究所未来創発センター主席研究員

第82号「公開買付けにおける意見表明は必要か？」 2023年12月
　　　　報告者　宮下　央　ＴＭＩ総合法律事務所弁護士

第83号「日本証券業協会の社債市場活性化に向けた 2024年3月
　　　　制度整備に関する取組み」
　　　　報告者　松本昌男　日本証券業協会常務執行役・自主規制本部長

第84号「資産運用業規制―業務委託に係る規制の見直し―」 2024年5月
　　　　報告者　神作裕之　学習院大学法学部教授

第85号「ドイツにおける公開買付規制のエンフォースメント」 2024年6月
　　　　報告者　齊藤真紀　京都大学法学研究科教授

第86号「米国私募規制の改正と私募市場の現状」 2024年7月
　　　　報告者　松尾健一　大阪大学大学院高等司法研究科教授

第87号「経済成長戦略と上場会社法制」 2024年8月
　　　　報告者　武井一浩　西村あさひ法律事務所パートナー弁護士

第88号「サステナビリティ関連訴訟の近時の動向」 2024年12月
　　　　報告者　松井智予　東京大学大学院法学政治学研究科教授

当研究所の出版物の購入を希望される方は、一般書店までお申し込み下さい。
金融商品取引法研究会研究記録については研究所のホームページ https://www.jsri.or.jp/ にて全文をご覧いただけます。

金融商品取引法研究会研究記録　第89号

いわゆるソフトダラーの規制について
——リサーチ・アンバンドリングを巡る米英の近時の議論状況

令和7年2月17日

定価 550 円（本体 500 円＋税 10％）

編　者　金 融 商 品 取 引 法 研 究 会
発行者　公益財団法人　日本証券経済研究所
東京都中央区日本橋 2-11-2
〒 103-0027
電話　03（6225）2326 代表
URL: https://www.jsri.or.jp

ISBN978-4-89032-708-9　C3032　¥500E

定価 550 円（本体 500 円＋税 10％）